组织效能

——提升组织效能方能战略达成

林芝聿/著

中国商业出版社

图书在版编目（CIP）数据

组织效能：提升组织效能方能战略达成 / 林芝聿著
. — 北京：中国商业出版社，2023.1
ISBN 978-7-5208-1915-2

Ⅰ．①组… Ⅱ．①林… Ⅲ．①组织管理学 Ⅳ．
① C936

中国版本图书馆CIP数据核字(2021)第231178号

责任编辑：聂立芳
策划编辑：张　盈

中国商业出版社出版发行
（www.zgsycb.com　100053　北京广安门内报国寺1号）
总编室：010-63180647　编辑室：010-63033100
发行部：010-83120835/8286
新华书店经销
三河市兴国印务有限公司印刷

880毫米×1230毫米　32开　5印张　86千字
2023年1月第1版　2023年1月第1次印刷
定价：69.00元

* * * *

（如有印装质量问题可更换）

前言

Introduction

什么是好的组织？如果问到每一位企业总裁(CEO)，我相信答案都会不同，因为在CEO的心目中都有自己对于好组织的定义和标准。我们寻访了很多CEO并进行了相关主题的研讨与深度汇谈，收集到很多答案，比如，“具备高作战能力的团队”“有创业者精神、敢于拼搏的团队”“高执行力、指哪打哪的团队”，等等。这些说法先不去论证对错，我们首先需要足够清晰地看到：好的组织并不只是满足CEO心目中的标准，而是应该从实际业务的需求出发，去思考什么样的组织才能够匹配业务发展的需要。鉴于这个视角，在得到众多CEO的一致共识后，我们得出一个结论：**能持续达成企业战略目标的才是好的组织。**

能够持续实现或达成企业的战略意图或业务目标，这样的组织不仅可以活下来，而且能活得更长久。这才是大部分CEO都想要的结果。把组织如何能够持续达成CEO或企业的战略目标背后的原因系统地梳理出来，成为所有组织可以借鉴的方法论并对他们的成长和发展提供有价值的帮助，这是笔者写这本书的初心。

当然，每个组织都是个性化的，因为不同的业务形态、组织生命阶段、人才结构及用人标准等因素所呈现的问题均有所不同，其问题背后的真相、可以切入的视角、解决问题的核心抓手，都会在动态中发生变化。因此应用本书中系统的方法论以及全新的组织管理视角结合组织的目标现状及需求，找到解决组织问题更适合的方法，才能让你得心应手地处理所有的组织问题。在这里，笔者想阐述三个核心观点。

第一，万物有法，道法自然。当你面临组织困局，请先不要焦虑。事物都有其遵循的发展规律。如果你能更系统更全局地看到所有问题背后的本质，就能顺势而为，抓住机会。你可以从书中找到可应用的思考框架或工具，帮助你脱离思考的僵局；或者是书中的某一段话、一个案例，让你找到解决问题根本的良方。这或许是这本书可以带给你的价值。

第二，每个组织是完全个性化的，遇到的问题也错综复杂。“拿来主义”的时代已经过去了，我们在学习之后的实践需要更多的思辨，去反复验证理论的价值性和落地性，并形成自身的新思维、新框架、新系统和新工具。实践出真知，光学不用是毫无意义的。从这本书中，笔者更希望大家得到的是“Why”，而不是“How”。

第三，新时代新经济的快速发展，基于满足业务快速发展的需求，对组织的发展也提出了新要求。因此，我们需要不断地抛弃已有或固有的认知。或许每个人的视角不尽相同，或许，一个方法论或知识框架会被迅速迭代，但深层模式和经验教训总有共性之处。所以，我们需要抱有不断求证、不断探索、不断思考的信念，这样才能掌控错综复杂、变幻不定的局势。

目　录

Contents

第一篇　推动战略达成的关键在于提升组织效能

第二篇 组织效能推进器为“战略达成”搭好梯子

第三篇 重新定义未来的组织运营

第一篇

推动战略达成的关键
在于提升组织效能

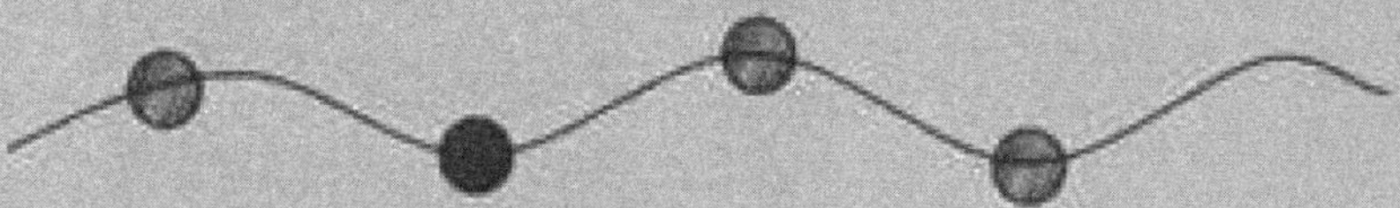

一、只有真正理解组织效能的价值，它才有价值

企业可持续经营和发展的本质是：组织能持续地达成企业的战略目标。为清晰定义，我们用一个公式来呈现：

战略达成=战略（业务方向）×组织效能

准确地讲，战略达成有两个最为核心的因素。

第一个因素是战略，即为企业的战略或业务方向。战略的好坏、方向的对否是决定一家企业可持续经营的根本因素之一，制定战略是“一把手”工程，战略虽为组织要去到的方向，但事实上却是企业“一把手”的梦想和愿景。

第二个根本因素是组织效能。为什么战略达成需要提升

组织效能？回答这个问题前，我们先来看看什么是组织效能。**组织效能是一种有效的集体效应，即有目的、有组织的活动所表现出来的效率或效果，且反映了所开展活动的目标选择的正确性及实现程度。组织效能是衡量工作成果的尺度，而效率、效果、效益是衡量效能的依据。**

通俗点说，组织效能是衡量组织活动是否有效、有产出、有价值的一种衡量标准。我们今天一直在讲的，一个组织如何降本增效？如何有效地做出经营分析？如何提升组织能力来达成战略目标，甚至大家也一直在学习各种工具方法论，或应用一些机制去保障这些活动的有效执行，这些都属于组织效能的范畴。而我们的目标只有一个：高效地组织实现有结果的集体行为，在不断实现业务目标的过程中，通过提升组织能力让组织持续地战略达成。

虽然管理者都能看到管理的本质，但却没有深度思考或者探索和研究企业可持续发展的生存之道到底是什么？怎样才能打造高效能组织？这对于企业经营的意义是什么？效益是衡量组织效能的依据，如果在效益、效率上出现问题，我们该如何去诊断背后的原因？用系统视角找到问题的真相：究竟是什么影响着组织的效率和生产力？

二、找到和厘清影响组织效能背后的真相

【案例】一家属于某新兴行业的头部企业，技术驱动，团队多为技术精英，无论是个体的技术实力，还是团队的能力矩阵，在行业中都是首屈一指，在行业的技术竞技比赛中屡屡获奖。然而就是这样一支精锐部队，他们一年的企业经营利润却寥寥无几，巨大的人力成本投入却没有带来可维持生存的营收收入。

我们暂时抛开战略方向的对否，从组织效能的维度来剖析和诊断：究竟是什么让这个组织陷入当下的困局？同时通过组织管理的三个维度，即“一张图、一颗心、一场仗”，来呈现其中影响组织效能的因素。

（一）业务“一张图”，高度认同心力强

所谓“一张图”，即业务共识。战略的方向不能只停留在 CEO 的脑海之中，而是需要与团队高度共识，甚至是通过团队的群策群力形成有效的落地路径。当然也少不了市场及用户调研、政策研究等一系列的数据验证和支撑。为什么要让团队在战略上保持高度的认同？很多 CEO 不认为这是件值得做的事，也没有看到其价值对于战役的结果能带来直接的影响。回到刚才案例中，这家公司的 CEO 更愿意直接下达

战略目标及分解目标，而极少花时间与团队共识其战略意图，帮助团队看到其战略背后的思考，认为员工只要执行就好。

组织中每个个体的认知都不同，“一张图”的共识是让团队产生认知一致性的过程。事实上，组织只需要员工的高执行力就够了吗？知其然知其所以然，在面临业务问题的时候，如果我们无法找到问题背后的真相，如何推进问题的解决拿到结果呢？因此执行的过程中要有深度的思考；战略达成是让组织形成合力拿到结果，靠的是组织内每一条职能线及每个个体在认同共识下的协同协力，如果没有“一张图”，今天这一群人为什么跟着你一起做事？如果他们都不知道自己在哪儿、要去哪儿，凭什么跟你一条心？又是什么让这一群人聚在一起？你们在做一件什么样有意义的事？协同的背后是为同一件有意义的事或者同一个愿景和使命去做的。高效执行不但要有结果的执行，还要不断地跟踪、回顾和改善，需要的是思辨的执行力。

当然，如果公司越来越大，CEO 确实无法每时每刻向所有伙伴传递其战略意图，那时，我们需要形成和输出企业的使命、愿景和价值观，通过各种方式去传递和传承。同时，CEO 的战略“一张图”，结合战略方向及其背后的思考、内外市场的环境，确定策略打法、业务目标或阶段性目标等，并通过战略解码的方式尽可能地让团队成员知道将面临的是一场什么样的战役。在共识这张业务大图的过程当中，也是凝聚团队“一颗心”的过程。

很多互联网的公司，他们会定期通过共创会的形式，让核心伙伴参与到业务方向的思考上。对于方向尚处于迷茫阶段的业务，可以召开“务虚会”，通过群策群力的方式把务虚落实；对于有着明确方向的业务，团队可以召开“目标共创会”或“目标通晒会”，形成路径清晰的落地目标及实现路径。以项目制驱动的公司，在启动项目的时候，会召开项目启动会(Kick off meeting)；以销售驱动的公司，有战前启动会；在年初或阶段目标启动前，召开动员大会或年度启动会。这些都是业务共识的一种形式，通过会议及共创的形式，让团队的伙伴们聚焦业务方向、清晰角色分工、明确目标与实现路径。同时通过共识让团队每一位伙伴使命驱动，提高作战士气，并进入战前备战。他们会极大地认同或理解公司的战略意图，共同看见面临的业务未来。

通过共创，不但解决员工参与感，形成高度共识和认同，同时也有更多群策群力的思考，最终形成更有力的团队战斗力向目标冲刺。战斗力形成的背后有团队伙伴对业务的信心和使命感带给他们的自我驱动力，同时群策群力也能对 CEO 的战略布局形成更广的视角，让 CEO 看到自己的战略梦想与现实组织能力的差距，从而为未来 2～3 年的组织能力提升提供依据。

在案例中，已经具备高作战能力的团队没有形成思想统一、业务方向上的高度认同及目标的一致性，是导致拿不到结果的因素之一。

（二）组织“一颗心”，合作协同齐发力

通过“一张图”的业务共识，团队成员可以在 CEO 的战略地图中，找到各自的位置。打仗讲究策略及打法，而对于一个团队，更重要的是协同。目标不是一个团队能完成的，最终形成业务目标拿到结果需要的是团队间彼此的连接，打通业务的上下游、利益链，通过高效的合作协同来完成目标的落地。

回到案例。这个组织中各团队的业务链协同并未形成，每个团队都有自己不同的业务领域及 CEO 单独下达的业务目标，基于经营目标的压力，仅仅只思考自己团队产品或应用领域的商业模式来获取商业变现的能力。然而，有着丰富市场经验的创业者都知道，应用市场仅仅思考产品的商业变现能力是远远不够的，因为商业市场之间早已存在更多的利益链条及隐性的权力线。即便产品足够成熟，要进入市场，被用户接受，也不是一朝一夕的事，没有 1～2 年的市场验

证及用户信任的建立，很难在短时间形成可持续落地的商业变现能力。这就意味着公司赖以生存的短期利润目标无法有效完成，且各自独立的团队管理模式将耗费大量的共享资源及成本投入。

越是优秀的团队，越需要打造“无我、共赢”的群体心智模式，让协同成为一种能力，而不仅仅是意识。当然也可以采用一些协同机制来保障它们的落地。别让协同变成贴在墙上的标语。仅仅互相要个资源，你帮我一下，我帮你一下，这不叫协同。

用“一张图”形成团队的战略共识，其目的是让团队伙伴共同看见 CEO 的战略意图并且能够高度认同。而“一颗心”呈现的是打胜仗所需要的组织心力以及各业务上下游链条中每个团队背靠背的信任协同。

（三）共打“一场仗”，借事修人磨组织

战役是检验个体行为(组织运行中的个体呈现)、集体行动最好的验证。战略需要通过阶段目标的实现逐步达成。而基于每一个阶段性目标，如何排兵布阵，并通过团队间形成的能力矩阵，拿到结果、打胜仗，完成目标，每一场战役是组织能力得到提升的修炼场。

在案例中，各团队承担不同的目标任务，显然无法完成

的原因之一是各产品线都不完全成熟，产品也未经市场的有效验证，因此让业务线去独立实现商业变现的压力是非常之大的，CEO希望通过孵化不同的业务线独立运营的本心是好，却忽略了产品成熟的周期、市场的验证期，揠苗助长，试图用团队业务目标来拼凑整体战略目标。看似庞大的业务系统却没有一条有营收能力的业务线，反而失去了外部市场的业务核心竞争力。同时，支撑各业务线背后的共享资源也极大地损耗了各项成本支出，每一个未成熟的业务都独立形成了一个战场而得不到有效的协同力量，导致每一场战役均以失败告终。

值得关注的是，每一场仗，组织面对的应该是同一个目标。业务目标并不是靠拍脑袋和数字拼凑形成的伪目标，好的目标设定是团队方向一致性的基础条件。基于共同的目标，才能形成团队与团队之间的协同力量。在整个业务链条中，每一个团队在什么样的位置产出什么样的结果？这个结果对其他团队形成了什么样的产出关系？他们是如何协同的？最终对于总目标完成起到什么样的作用和价值？这就好比足球队，看似最终只有一个人能进球，但却是团队打配合的结果。所以为了打赢比赛，团队所有伙伴都要高度协同，随时做好补位打好配合，并找到进球的机会。

CEO是战略布局的思考者和决策者，除了制定战略方向，还需要思考用什么样的团队，如何排兵布阵，怎么打赢这场仗，拿到想要的结果。战略落地过程中同时让组织高效运营还需要有效的保障机制、管理和把控方向的正确性、约束组织的个体行为、确保集体一致性以及群体效应的正向性。

（四）“三一合力”，打造成长型组织的管理循环

“一张图、一颗心、一场仗”是一个组织不断循环、不断修正、借事修人的管理过程，通过业务方向及目标的共识，齐力打赢每一次的战役，拿到结果，缩短与战略目标的距离，同时让组织能力在这样的循环中得到迭代和提升。

从上述的案例中，仅仅通过“一张图、一颗心、一场仗”这三个维度，我们就看到了在组织管理循环中所呈现出来的问题。在日常的环境里我们往往忽略了这些管理细节，大家把精力过于聚焦在业务的本身，忽略业务是靠组织的力量来完成的，而组织又是由个体组合而成的。管理者在团队管理过程中，容易看到个体呈现的点，比如，这个伙伴没有完成绩效，那个伙伴工作态度不好等，却很少有管理者能透过个体呈现的问题去看到组织问题背后的系统真相。

在案例中，团队伙伴的专业能力都很强，但 CEO 的管理方式、组织的机制导致团队无法协同合作，无论业务方向还是业务主体的组织架构都不够清晰。组织中每一个职能角色

都是业务主体中的一环，只有有效地形成链接，产生相互的作用力，才能最终产出业务的结果。

在明确的业务方向共识之下，我们梳理了可以实现商业变现的1～2条产品线，并为此重新调整及设计了组织架构，制定了协同分润以及激励的机制去激发团队的合作，形成业务上的聚焦，机制让组织系统往协同的方向进行牵引，使得不同的能力、技术、产品得到矩阵。当然要真正解决这个组织“一颗心”的问题，靠一套机制是远远不够的。协同的背后是一群人为了共同的愿景和使命，而不是仅仅为了团队的利益，更不是为了个人的利益和关键绩效指标。临时的机制只能解决临时的问题，虽然解决了当下的困局，但从组织长远发展的角度，真正形成战略持续落地的关键，在于不断通过“一张图、一颗心、一场仗”的三个维度形成三力合一的管理循环打磨成的高效能组织。

近几年，组织发展的概念被提到一个相对更高的角度，大家也纷纷开始关注和研究组织能力对战略达成的影响。但是，围绕战略达成，除了组织能力之外，还有更多影响战略达成的其他因素是我们还没有关注到的，因此我们需要更全面更系统地看到导致战略无法达成的所有因素。组织系统往往是整体运转的，这就好比汽车的发动机，由很多部件组成，比如气缸、变速器、传动轴承、燃料等，都决定着整车的动力，推动汽车前行。

从系统的角度看，组织能力的提升对于战略达成的影响力仅仅是其中一部分，除此之外还有一些其他因素的影响力也会形成相互的依存，比如战略方向、基于战略方向和意图的集体共识、组织内个体行为对群体效应的影响、价值观等。

三、主导组织效能的关键性人物

（一）CEO 需要像组织专家那样去思考

CEO 是组织的代言人。一个组织要到哪儿？怎么到达？都是 CEO 需要深入思考的问题。战略达成是每个 CEO 的首要核心使命。CEO 不止是战略官，更多时候需要保持基于战略达成的思考，透过组织效能看方向定战略。

CEO 即便不是组织的最高人力官，也需要像组织专家一样去系统思考。从职业角色的角度讲，HR 只是将系统问题呈现，并运用人力资源的专业推动问题的解决；而 CEO 在组织中才是能够解决系统问题的核心角色，因此需要比任何人都要有看清组织系统问题背后真相的能力。

有些 CEO 常常抱怨自己的组织腿部无力、腰部绵软、头部无脑。而在组织中 HR 也容易被放大成为一个责任者，好像组织上的所有问题都是 HR 工作能力的问题，使得近几年

HR的工作也越来越难开展。作为CEO要反思，你为组织的建设及发展做了什么？你有花时间在你的人才培养上吗？你知道你要什么样的人或建设一支什么样的队伍来达成你的战略目标吗？现有的组织能力你足够清晰吗？他们给了你达成战略的信心吗？如果不能，你知道问题出在哪里吗？如何调整吗？

当然CEO的确不需要处处精通样样知晓，团队也的确需要不同领域专家形成能力矩阵，但作为团队最核心的灵魂人物，在你作出决策和拍板的时候，你的判断依据是什么？CEO身边会有很多声音，由于自己无法准确地判断，因此难免会走一些弯路。管理是战略达成实现路径的一种手段，因此系统地学习和思考对于CEO来说是必不可少的。

（二）把HR当成专业伙伴共同推进组织效能的提升

在组织中时常听到一些声音：HR阻碍了业务的发展，这是组织中角色认知中存在的理解差异所带来的。业务主管看业绩，同时他们也是业务团队的管理者，带团队打仗的将领；而HR的职能更多的是透过业务关注组织与人，通过推动组织能力提升让业务有更大的可持续发展。事实上，HR与业务主管都有着共同的目标，即希望团队能打胜仗，以确保目标达成。这二者间并没有本质矛盾存在，没有谁阻碍了谁，只是大家的视角不同，如果能相互达成共识，形成专业上的合力，对于拿到结果会有很大助力。

从业务、组织和人三个维度来看，我们要完成阶段性的业务目标，每一个阶段性的业务目标都在缩短战略达成的距离，而战略达成是让一个组织活得好、活得更长久的关键。这就是为什么有些公司会配置懂业务的HR线去辅助业务主管的团队建设和管理，避免在管理上的短视。

当然，人力资源的角色基于业务的需求一直在发生变化和迭代，从原来只要做好与人相关的事物型工作逐步发展到今天成为具有业务视角的专业多面手及组织发展专家，职业的发展正是符合未来组织方向的需求。从组织的战略转化，到战术落地，人力资源在组织中承担着非常重要的角色。管理者应该放开已有的认知，与HR形成背靠背的业务伙伴关系，共同为组织的发展形成良性的促进及起到推动作用。

作为人力资源，也应该跳出现有的环境看到未来组织对人力资源职业提出的新要求、新期望，去思考未来人力资源职业的价值究竟在哪里。时常听到身边有人力资源的伙伴吐槽自己的组织不重视人力资源，如果未来人力资源的职业无法为业务带来落地的价值，没有能力在组织里成为推动战略达成的核心角色、提升组织效能的关键人物，那么人力资源职业的价值会逐步失去存在的意义。人力资源带给组织的专业价值是显而易见的，更不容小视，从业务的视角出发，推动组织能力的提升，匹配目标可实现的组织能力，人力资源仍然是组织不可或缺的业务伙伴之一。

（三）每个团队管理者需要看清：管理的本质是“降本增效”

如何通过有效的组织投入，来获得一定的价值回报或产出；如何通过持续的目标达成，让组织得以成长和发展。这才是管理的真正核心，也是好组织的衡量标准，即组织效能。

曾经遇到一个真实的案例，一家创业型公司要建立一支销售队伍，销售管理者向 CEO 申请 30 人的编制，以确保完成今年的目标任务。CEO 同意了他的想法。30 人的团队很快就建好了，然而这支团队在一年内，目标完成情况为零。CEO 很焦虑，毕竟站在投入产出的视角，公司无法支撑一支“长时间零产出”的团队。

我们在进入这支团队后发现两大问题：第一，目标背后的战略意图理解以及目标的拆标逻辑。销售管理者从 CEO 这里拿到业务目标，习惯性按拆标后的人头测算，并提出了 30 人编制的招聘请求，但未见目标形成的思考：比如对外市场环境竞对关系、对内组织能力是否可支撑；现有客户资源的盘点以及支撑完成目标的路径未做好深度的思考，等等。第二，所谓短期的业绩压力使用短期的做法。30 人的团队，按每人可以承担的业务目标拼凑，就以为可以完成团队的目标。将组织中的个体变成一个个标准化的零部件，按每个零部件能承载的任务量来核算团队所能完成的总任务目标。对于用什么样的人、完成什么样的目标、如何实现、风险点是什么、风控的方案是什么等，对于过程中决定结果的变量因素没有做好可靠的分析。

上述是一个比较普遍性的例子，目标的设定需要我们思考现有组织能力的现状和产出、目标的实现路径、所面临的阻碍和资源、与目标形成的差异以及完成差异可以提升组织能力空间，用什么样的投入带来的产出目标等，良好组织效能是能够衡量我们有效活动的效果或者价值。如果没有可衡量的标准，站在自我的角度输出结果的标准，30 人的销售队伍，一年的零产出，这样的结果无论什么企业都是无法接受的。

管理者需要站在企业经营的视角，数字化的时代已经到来，管理者应学会从数据的维度做团队管理，比如利润率的测算、人效、投资回报率等管理数据、市场覆盖率、客户复购率或增购率等业务数据。这些数据结构，可以帮助你有效地分析出业务及组织的健康度，从而成为优化调整组织效能的依据。

第二篇

组织效能推进器

为“战略达成”搭好梯子

一、影响组织效能的核心因素

通过“三个一”，即“一张图、一颗心、一场仗”的诊断工具结合了一些案例让我们看到，究竟是哪些因素在影响或阻碍着一个组织的战略达成？

战略达成=战略（企业方向）×组织效能

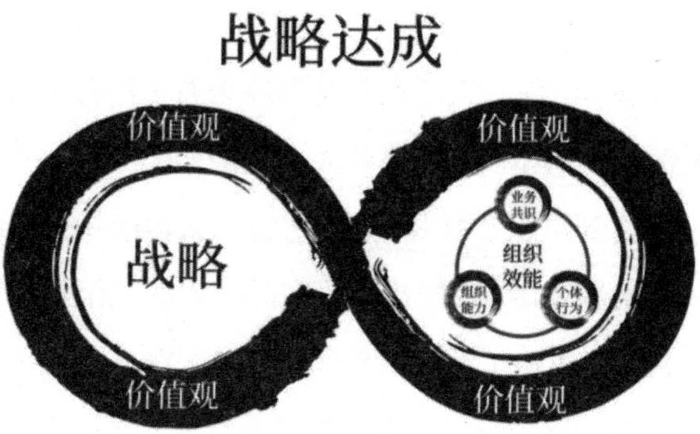

我们花了很大的篇幅把组织效能成为影响战略达成的最大因素，用系统性视角作了解读。从上述这个公式上来讲，战略方向和组织效能都是影响战略达成的因素，也是CEO需要关注的两个核心维度。如果我们能从客观的角度看到组织无法落地的所有问题，就好比中医的“望闻问切”，找到真正的病因，才能药到病除！创业不是面子工程，首要的问题是要先活下来，才能有更持续的企业经营及业务发展。

通过很多实际的案例以及调研我们发现，除了提升组织能力外还有一些没有被足够关注到但会影响战略达成的其他因素，他们与组织能力相互关联且彼此产生作用力，我们无法判断他们谁更重要或更核心。

我们先来看看对组织效能形成影响的究竟有哪些因素。

组织效能=(业务共识+组织能力+个体行为)×价值观

从业务、组织和人三个系统维度来看，我们常常更多地关注组织能力的本身。如果从人力资源的职业性来讲，从人的选用育留到组织发展及变革，从组织架构的排兵布阵到组织的体系机制保障，我们花了更多时间去研究组织能力的提升及运营，而忽略了系统的整体性。组织在三个系统维度中仅仅是其中一部分而已，需要更多去研究其与业务、个体之间形成的关系，找到除了组织能力以外，其他影响组织效能的因素。

组织由个体组成，在管理过程中，个体行为的呈现有可能是我们看到组织共性问题的一个切入点。从个体到组织，从点到面，是我们呈现组织问题最好的着眼之处。在与离职员工做离职面谈过程中，员工对于完成业务目标的不确定性以及对于业务本身的不看好，让我产生好奇心。在每次战前启动会上高调地喊着口号“坚决拿下目标，使命必达”的团队背后是不是真如表面看上去那样，大家对于拿下目标的信心是否真的充足？基于这个好奇心，我又挑选了一些团队中不同司龄、不同职级员工进行了探寻式的沟通，最后发现团队对于完成目标的信心并不像我们看到的那样，甚至很多员工并不理解我们为什么设定这样的目标，其背后意图是什么。在发现这些问题后，我们立刻做了一些团队心力上的沟通传达工作，以确保战役中的组织战斗力。你们看，从一个离职面谈的管理小细节中看到的个体问题，背后一定有着看不见的系统问题。

二、通过组织能量的三个“磨力石”提升组织效能

知道了组织效能对于战略达成的重要性，大家一定会问：我们该如何提升组织效能？我们先来打个比方：如果车

的零部件属于硬件设备，车辆的系统性能属于软件设备，燃油在运转中对车产生动力，影响车前进的速度，那么车的动力是否足够取决于很多因素，即便有很好的软硬设备，也必须有更多助力，推动车快速行驶。

同样，在组织中，究竟是什么在推动组织效能的提升？产生动力的助力因素又是什么？答案是“组织能量”。组织能量在组织中是无形的，但却能被感知到，比如组织的“温度”是高温还是低温、团队士气是低落还是高涨等，组织能量就好比在游戏的场景中你自身的能量值、你所参与的团队的能量值等。在一个团队中，组织能量决定了这个团队的战斗力。

如果我们去一家公司，在踏入公司的大门就能感受到这家公司的能量状态。这家公司给你的感受是冷冷清清的，大家都各自在工位上，各自做着各自的事，没有交流，没有讨论，气氛感觉很压抑；抑或是另一种状态，有些团队积极地讨论着，热火朝天，有些伙伴独自专注，过路的伙伴也步伐快速。这两种状态，是你能够直接感受到的不同状态，反映着组织不同的能量状态。

管理者可以保持足够的敏感度，时常“摸一摸”组织能量，有意识地思考一下，什么样的能量状态对组织效能产生积极的影响？不同的能量状态代表着背后什么样的组织行为或个体行为的发生？

为了能更好地让大家了解组织能量，我将从三个维度来介绍打磨组织能量的核心因素，我称它为“磨力石”。这三个维度在组织中形成了强而有力的组织管理循环，彼此串联起来，就好比机械设备中的齿轮，相互咬合共同旋转，相互间产生牵引力。牵引力越强，产生的能量越大，组织因这些能量的推动而产生前行的动力。这三个磨力石分别是：心力石、脑力石、体力石。

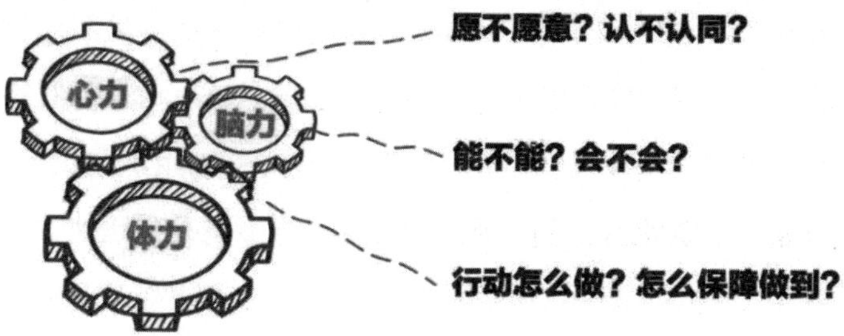

（一）心力石：打磨组织内在能力，高效协同提效能

在组织中，大家的关注力时常会放在一些有形的事物上，比如组织的规模、个体(背景、专业、学校知名度等)，又比如业务产生的结果，可能是一个目标，也可能是一个数字或 KPI（关键绩效指标）等。而对于一些无形的部分，我们的关注力就容易被忽视。组织由个体组成，能量和文化都

是无形之物，在组织中极容易被忽略。你花了较高的成本投入，建立了一支专业的队伍，还需要花时间去思考，如何让这一群人相信你，愿意跟着你一直走下去。因此组织管理需要解决组织“一颗心”的问题，否则组织的崩盘速度非常快，因为你留不住这群人的心。

曾经见过一些真实的案例，公司从创立到发展，有些老班底一直跟随，虽然这些人能力上已经无法满足当下业务的需求，但因为“忠诚”，被赋予组织的高位。从情怀上来讲无可厚非，但面临的核心问题是：因为他们无法满足组织发展的人才需求，导致组织呈现头部无力的状态，这样的状态制约着组织快速发展；从另一个角度而言，作为组织的头部，是否能让团队愿意跟随，愿意一颗心，能不能吸引比他们更优秀的人才加入团队，这些都是很多 CEO 在组织变革时遇到的最痛的部分。

那么心力究竟指的是什么？

我们来看看阿里巴巴是如何定义的？

心力就是你要百分之一百地相信，同时你要有能力去影响行业、影响团队，且有能力去改变。会去用自己的行动改变和影响周围的很多人，让周围的人因为你的热爱而热爱，因为你的激情而激情。今天我们在做事上，如果只是把事情分解到任务或项目，这个不是心力；如果为了一件事能够连接到更大的使命和愿景，这个才是心力。心力有三个维度：温度、气度、烈度。温度即真实、有感染力、有激情的；气度即胸怀、海纳百川、有力量、有方向感；烈度是在关键时刻，需要有人振臂高呼。

心力石是透过打磨组织内在能力（心力）而提升组织能量的维度之一。组织内在能力通常被称为组织的软实力，指的是团队除了专业能力外，需要对战略意图、业务方向、目标路径等高度认同，需要团队间信任及协同，需要业务上下游的高度连接，是一种靠心力去提升的能力。

很多CEO说，员工来公司是工作的，公司付了工资，没有愿意不愿意。所以这样的公司大部分的员工拿着工资，完成工作任务即可。至于愿景和使命，与钱无关的事，员工也不乐意了解更多，员工想的是完成任务，拿到工资就可以了。如果CEO有这样的想法，那么就别过度期望成就一支高效作战能力的团队。正所谓，你种下去什么种子，就会结什么样的果子。

团队的每一个伙伴，今天聚在一起是为一件怎样有意义的事？他们愿意相信的是什么？愿意跟随的是谁？想要去哪里？过程中每个伙伴的使命是什么？是什么在驱动着一个团队不断前行？在创业的任何一个阶段，CEO一定是团队中的灵魂人物，这是无法改变的事实，即便只是在创业初期，也早已有组织文化，只是这时的文化并未显性化。因为在组织建设的过程中，文化便是CEO自身形成的DNA，因此，想要形成聚心力的文化传承，CEO才是推动文化建设最为核心的关键人物。

心力石打磨的一定是组织的心力，通过心力石让我们看到组织“一颗心”在不在？做得好不好？心力足不足？哪里不足需要改善？怎么保障组织的心力能让业务快速前行？“聚人”的前提是“聚心”，没有“一颗心”，如何打赢“一场仗”？

（二）脑力石：提升组织专业能力，高效作战拿结果

脑力石打磨的是一个组织的硬实力，是团队外在能力或专业能力，通俗地讲就是能拿到结果的组织能力(专业能力)。由此，团队的专业能力要能够为业务带来价值。初创公司往往很难找到真正为组织带来价值的优秀人才，说明组织的管理者对于自己做的业务没有信心，无法用更大的愿景和使命去吸引优秀的人才加盟实现组织愿景。愿景是基于战略意图一步步脚踏实地地实现战略目标，否则无法留住吸引来优秀人才。真正优秀的人才大都是愿景型人才，他们往往更看重一件事背后的意义和价值。

CEO要敢于用更优秀的人才来组建团队，对的人才能做

对的事，他们可以快速成就业务，拿到结果。这才是创业初期最需要关注的重点。当然，所谓“优秀人才”的定义，每个管理者的理解都不同，但优秀的人才是需要带来落地价值的，是要能拿到结果的，而不止是背景漂亮。

看看阿里巴巴对脑力是如何定义的？

脑力是专业，是逻辑，是分析能力，是思维的架构能力，是理性层面相关的所有能力。通过讨论、分析、有工具、方法论、逻辑、体系的支撑，使我们知道从哪个地方干，应该怎么干，需要什么样的专业，这就构成了脑力。光有脑力，没有心力，好比秀才带兵打仗，你从逻辑、道理、细节可以做到面面俱到，但就是没有影响力，也没有能力改变一些东西，因为你缺少感染力，你无法号召你的团队，让他们从不相信到相信，从相信到更相信。你可以从道理层面分析得很清楚，这可以让你有一个结果，但不会是伟大的结果。

（三）体力石：通过“一场仗”，推动组织管理循环

如果你拥有了一支强专业力的团队，同时，大家也能基于心力保障，高度认同和共识战略方向，那么接下来，就需要通过打仗来验证或者持续提升这支队伍的组织能力，以匹配持续增长的业务目标。体力石打磨的就是组织的战斗能力，让一个有心力、脑力的团队同时具备打仗的能力，而不

是只停留在纸上谈兵。

我们先来看看什么是体力？体力是指人与人、能力与能力、团队与团队间通过排兵布阵来获得最强的组织能力矩阵，形成打胜仗且可以拿到结果的集体行为的同时，具备对于拿到结果所需要的保障服务(机制)，包括临时政策、机制及流程等能确保打胜仗的一切保障。

看看阿里巴巴对于体力是如何定义的？

体力就是手和脚，就是执行力。体力是力度、柔韧度、精确度、持久度。执行力要有力度，一刀下去，百万军中取对方上将首级。这个过程不能傻傻地执行，要有一定的柔韧度，一定要灵活，要知道怎么转弯，怎么调整。我们很相信、很热情，但不出活儿就没用。当体力跟不上的时候，一定是中间流程和传导出了问题，或者是机制保障上出了问题，或者在愿景引领层面有些路没有走对。种种可能，都会导致体力跟不上。

体力石是打磨组织战斗力的组织能量维度之一，战斗力是靠一场又一场的胜仗所获得的团队能力，这也是组织能力的范畴。打个比方，我们通过玩一款游戏获得的装备、经验、能力以及组成团队，通过一起打赢 BOSS 来获得团队的战斗经验值、能力值或排位，以及通过排位赛获得更好的团队装备，这样不断循环形成真正的团队战斗实力。

让一群人形成战斗力，投身在每一场战役中，想要打胜仗首先明确战役的目的、目标，用什么样的团队打什么样的仗，排兵布阵，策略打法，明确“一张图”。形成“一张图”后很多组织都会开“启动会”，其目的是通过共识“一张图”，让团队所有的伙伴明确目标、分工，鼓舞团队信心和士气，准备迎接战役，保证组织“一颗心”合力作战，齐力拿到战役的结果。战役的过程其实就是通过目标的复盘、阶段的激励、荣誉来激发团队中每一位伙伴的自我价值实现。通过团队 PK 赛，实现个体自我价值并产生群体化效应，让团队在阶段目标的实现过程中最终获得总目标的实现。“一场仗”看似集体有效行为的背后，是个体在群体中激发产生群体化的组织能量，最终拿到结果。每一位伙伴都在一场又一场的战役中获得个体的经验及能力，从而最终提升了整体团队能力。

除此之外我们还需要考虑如何让这些人形成协同。除了团队不断打磨的“一颗心”外，有没有可能通过机制、流程、体系去帮助这些关系建立连接并激发，促进团队的协同？从马斯洛的需求层次论里，我们可以看到个体的需求有很多层面。这些需求是个体共存的，因此激励的设计还是需要从底层的系统设计考虑，来满足组织中大部分人的不同需求，比如协同的目标或奖金的分润机制、目标完成或超额的激励机制、通过打仗提升能力的晋升机制，以及一些战役所需要的武器装备等共享资源、物资保障等。

组织纪律性也是重要的部分。军队有军队的纪律，国家有国家的法律和法规。团队需要很清晰地知道什么可做什么不可做，不能为了一场战役中的高目标铤而走险。要树立价值观作为一种约束力来规范或限制组织的行为及个体的行为。这样，我们才有可能打赢战役，并通过战役提升战斗力，来应战未来的每一场仗。

组织是一个不断循环的发展过程，通过三个维度的磨力石打磨，让组织能量产生更大的动力，以此提升组织效能，并促进业务战略的实现。组织管理其实就是一场组织身心打通打透的过程，让组织的发展均衡，才能真正地推动战略的达成。

三、共识“一张图”，共同看见协同作战

前面已经讲过有哪些因素能够直接影响组织效能，我们来回顾一下。

组织效能=(业务共识+组织能力+个体行为)×价值观

从以上这个公式来看，我们可以更广度、更系统地去看

到影响战略达成的所有因素，并从业务、组织、人这三个维度，提升组织效能。通过三个一，即“一张图、一颗心、一场仗”诊断并呈现组织问题，形成相互作用力。

在“一张图”中我们应该把重心放在“共识”这个环节上。在设定目标绩效前，会先梳理组织的业务链，并绘制出业务大图。通过一张业务大图，大家可以看到战略的方向，即我们要去做的是一件什么样的事，大家各自承担的使命和角色是什么，团队与团队间相互的关系是什么，是什么样的协同形式，团队各自拿下什么样的目标，对目标的要求和大家要承担的责任是什么，等等，这些都是业务大图给团队带来的共识部分。

作为CEO，需要花点时间把市场环境、用户需求(痛点)、商业模式等业务方向重新打磨并思考清晰。CEO作为业务战略家，要学会思考并形成战略大图。有一些企业，业务的方向会跟随着市场走。比如新冠病毒感染开始，市场有口罩的需求，于是有些企业临时购买口罩的生产设备并投入生产。对他们来说，因为看到了一些商机，于是盲目地跟从。然而从系统思考角度，要成为一家口罩生产商要考虑的问题还有更多，比如：生产供应链、生产周期、品质认证、渠道市场、出口资质等众多的因素，当企业完全摸透该领域的程序，疫情导致的紧急需求也许已经过了，于是市场的需求没有那么迫切，将出现价格竞争，那么对于新入行的企业来说，还有什么优势呢？

因此，业务大图是基于组织自身的优势、领域的专业、资源的沉淀所深耕的业务，并基于业务的未来发展作出预判，结合可能发展的各阶段，适时或适度扩展业务链条形成的平台化生态业务。通过业务领域的战略蓝图描绘更好的愿景，从而让团队所有伙伴知道企业的业务方向。业务大图是一个逐步清晰化的过程，是一个从务虚到务实的过程。一些公司每年都会有务虚会，通过群策群力共创会的方式，让团队业务的核心成员一起加入战略业务未知领域的探索和商议，看看基于公司目前在做的业务或者目标，我们还可以做什么，还有哪些我们在过去没有看到，但却是很有价值的业务。

足够清晰的业务大图，能够让你的团队清晰地知道业务方向在哪里，团队的角色和位置在哪里。不仅如此，你的客户、投资人也能比较清晰地知道公司业务的阶段和方向，从而在一定的机遇下，做出资源、业务及供应链的整合。

业务大图制订有几个核心因素，即：业务方向、业务链条、业务架构以及组织角色和分工等。业务方向即团队要去哪儿；业务链条即业务形成的上下游关系以及在每个链条上团队与团队的协同关系；组织角色及分工即团队在业务大图里找到自己的位置以及承担的责任，当团队成员回到各自角色及位置的时候，他们内心的“一张图”是一致的。从“一张图”的战略方向出发，团队所需要完成的任务和目标、团队间彼此的协同、链条关系等这些战术层面的方向就不会出现偏差。

业务大图形成一定存在背后的战略意图，即形成业务大图背后的各种思考因素，比如市场竞争、业务差异化及竞争力优势、用户的痛点、商业变现的能力、团队的组织能力现状对业务的影响、战略打法及策略等。有一些企业，特别能绘制业务战略大图，让人一看就很清晰。但很可惜，这样的业务大图，他们无意为团队达成战略而花时间去做业务共识，而是对外作为品牌宣传的内容来证明企业的业务实力并获得投资人的认可。不以战略落地为导向的业务大图，最终都只会成为海市蜃楼。

业务大图的形成会有一些比较好的会议工具，比如务虚会、共创会、“过山车”等，都是一些集体参与、群策群力的团队会议工具。这个过程除了对焦业务，促进共识和认同外，还一个比较重要的作用，就是通过集体的参与让大家从当下的职能连接到更大更远的使命而形成组织“一颗心”。建立使命感是个体自我价值实现的必要手段，每个人都有自我价值实现的需求，尤其在组织中，我们在团队中完成工作任务，为组织带来个人价值或贡献就是自我价值的实现。一个决策、一个方向、一个策略、一个想法被采纳，都会让个体行为背上使命意义，因此，参与感能带给人更坚定的信念和更强大的动力去完成目标或任务。

四、提升组织能力，加速组织效能的运转

在组织管理中，我们看到大部分的组织管理者、人力资源都已经开始关注组织能力的提升为组织带来的落地价值。但是组织能力不是一个可以单独存在的认知体系。它与其他因素产生共同的作用力，彼此咬合，彼此链接，才能产生更大的组织能量，促进组织效能的提升，推动战略的达成。

组织能力由以下因素构成：

组织能力=心力（内在能力）×脑力（外在能力&专业能力）×体力（战斗力）

（一）从心智模式提升组织“心力（内在能力）”

组织由个体构成，个体呈现的行为，取决于个体的心智模式。我们每个人都有着不同的原生家庭，经历过不同的人生道路，沉淀了不同的经验阅历，存在于不同的系统群体之中。所以，每个人的心智模式都不相同，由此呈现的个体行为也会不同。

在组织发展过程中，这些心智模式的呈现对业务及组织都有着不同的影响。这就是为什么每个组织都具备独特性。即便我们能研究出通用的组织管理方法论或工具，如果没有从实际的业务需求以及组织现状出发，甚至没有考虑到对系统产生影响的个体因素，那些方法论也不会为组织带来任何价值，或者说解决组织的核心问题。

所以，我们必须像剥洋葱那样，把组织表象的问题一层层地剥开，才能看到真正影响着组织系统的内核原因是什么。对于一个组织而言，心力（内在能力）决定着组织往前走的动力，但又是什么影响着组织的内在能力呢？

1.组织系统中不同的“心智模式”

从组织1.0到3.0的发展，我们看到最为显性的个体行为特征是从自我到无我的心智模式。请思考下：如果你的团队所有伙伴都只考虑自己，还能形成真正的协同来达到组织的“一颗心”吗？

心智模式有不同的发展阶段，同时个体心智是管理者值得深度研究的领域，能很好地辅助管理认知，组织中心智模式大致分为三种形态：

(1)防御型心智。这类人的自我领地及防御意识很强，多数人都待在自我的舒适区，心智模式未曾被打开，是系统中无意识人群，也可称本能型人格，他们往往带有强烈的批判性思维，协同性很差。这类人因为过多考虑自己的利益得失，所以大部分的人也可以称为“交易型人才”。这其中还有一部分人具备高能力、强专业，不乏在过去获得过成功经验，是我们常说的“满杯”型心智。

(2)开放型心智。这类人的心智模式已被开启，所以他们能很好地站在对方的立场和视角去思考和理解对方，他们很容易与不同的人形成协同，并懂得用共赢的视角让彼此产生价值。他们对于自我成长的要求很高，大部分的人都有利他之心，并通过不断的自我挑战，让自己远离舒适区。在组织中，这类人往往能够站在更高的格局和视角看到基于未来组织愿景的意义，也深知自己的使命，所以我们也称这类人为“愿景型人才”。

(3)介于防御型心智与开放型心智之间，存在一种半开放型心智。这类人的心智模式处于半意识状态，愿意逐步走出自己的舒适区，但也会因为受到环境、人为等客观因素的影响，而回到自我防御的状态。

让一群不同心智模式的人在同一个系统环境中去尝试协同作战，去打磨组织的“一颗心”，对管理者来讲是一件难上加难的事。我们无法避免在组织系统中存在不同心智模式的人，但我们应该要有能力去判断和识别组织系统中的不同心智的形态，这是帮助组织形成协同最为关键的一步，并通过突破个体心智的自我改变来逐步形成组织文化，引领组织的快速发展。

2.人在环境因素里的“群体思维”

在同一个环境中，大部分的人会受到所在群体因素的影响。在这里，我们称其为“群体思维”。在这里，罗列三类在组织中常见的群体思维。

(1)头部管理者的地盘争斗

通常在创业型公司里，从起步开始就已存在高层领导人的角色。随着业务发展的需要，组织不同的发展时期都会逐步引入新的高层管理者，此时私人区域开始逐步形成僵化界限，原有的高层开始无意识抵制其他高层的“入侵”。

尤其是那些居高位的管理者，系统的力量会让他们同时陷入地盘或私域的争斗。随着业务区域的不断拓展，高层们开始划分各自的管理范围，时间越久，则对自己区域的责任感越深。他们开始从自我的视角来关注已有的地盘或区域，而忽视对整个组织系统的责任感，甚至对于系统整体应朝什么方向发展，也会站在自我区域和发展的视角而出现不同方向的分化，于是信任关系破裂逐步形成。

这些问题的产生在组织中的群体效应会逐步被扩大，而组织系统内的个体却毫无察觉，当高层之间发生诸如此类的合作关系破裂时，最终都会将责任归为组织中的个体行为，而忽视组织背后的系统因素，在组织中这类现象极为常见。

(2)腰部管理者的关系疏离

一个业务链条之下，存在着不同的团队，但他们之间却毫无链接，没有共同的目标，更谈不上协同。不仅如此，团队中的资源也没有共享可言，每个团队死守自己的防线，甚至团队中的管理者之间，也相互矛盾重重，各自对他人存在强烈的批判性思维。

由于头部管理者地盘的争斗，他们受到了系统力量的施压，但他们却毫无觉察，彼此之间相互隔绝，都认为没有协同的必要，没有任何合作共享的可能；团队彼此间会相互负面评价，也暗自相互竞争。

而这些是他们无意识的群体行为，因为他们不认为自己是整个系统的一部分，只是看到了自身所处的独立系统，因此不会意识到协同的力量。

从表面上来看，与头部管理者不同，这些腰部的管理者之间还没有到达关系破裂的地步，因为原本就不存在合作伙伴的关系。但我们可以看到，这种关系的疏离实质上是系统化的，它存在于环境之中，让大部分的人毫无意识而产生共同性的群体意识。

(3)系统中的基层群体思维

基层群体是组织中覆盖面极广，也是最易产生群体思维的人群。最为常见的现象是：“我们”“他们”和“你们”的界线，比如“这是你们的事，与我们无关”，并在此界线上去思考所谓的“对”与“错”。因为群体思维造成的隐性系统压力，因为遵从“我们”，所以在其他人面前隐藏了其不同的意见。比如：“因为这是我们团队共同的想法”，所以我们是对的，而你们的想法是错的。

基层往往是整个系统之中最为脆弱、最易被忽视的群体，同他人的关系会受到其所置身其中的系统环境影响，容易陷入服从群体思维的压力中而失去正确的立场与主见。

以上这三类是常见的组织内发生的群体思维，直接或间接影响了组织“心力（内在能力）”的打磨。我们会用惯性去针对发生的事件做出处理，基于对彼此扭曲的映像而行动，却忽略了在系统角度的群体模式，使我们很容易也无意识地陷入这种群体思维。我们应共同看见系统对组织产生的影响，并共同努力掌控和改变影响我们的系统环境，而不是去试图修复彼此之间的关系。

3.组织发展中的空降生存之道

组织建设过程中，会引进一些优秀的人才来补充或提升整体的组织能力。这个过程中，组织内在能力（心力）会备受挑战，当新人进入组织后，系统结构发生了变化，组织心智模式也会有不同的个体行为呈现甚至是群体反应，从而对组织产生影响。从好的方向来看，可以验证原有组织内在能力（心力）的皮实度，也可以当作是一次内在能力(心力)的打磨。

然而新的空降管理者该如何进入到组织内部而不引发组织的系统防御呢？

(1)后来者的位阶观念

空降的管理者无论职务高低，在组织系统中属于后来者，后来者需要以一种“最后位阶者”的心态进入组织，花足够的时间了解这家公司的背景、历史、人文并充分尊重和认同这家公司过去的所有成果；熟悉与之相关的行业信息、业务模式、用户需求及产品体系；摸透系统内的组织关系，与每一个关键人建立信任，甚至在解决一些关键性问题前，征询他们的意见及想法。

不必急于求成获得短期的被认同，保持中立，看清组织背后的系统问题，并找到对症的举措，切入短期可以获得结果的推动项目，稳中求进，会逐步赢得系统的信任与支持。

(2)与企业一把手的过度“蜜月”

空降的管理者进入到组织后，由于系统的高度关注，在一定的周期内会获得企业一把手的绝对资源、时间、精力上的倾斜。比如从未定期与管理者开会的企业一把手反而会时常与空降管理者长时间闭门会议；比如会议中对待空降管理者的态度与现有团队管理者的态度存在明显的差异；比如对空降管理者提出所有的要求都给予无条件的满足等。

当空降管理者的"施"与"受"严重失衡，其在组织中也将慢慢被孤立，甚至被系统内隐形权利线所干预。如果没能及时意识到组织背后的系统阻碍，没有及时处理好组织关系的平衡，比如空降管理者认为以企业一把手的名义来推动，或认为取得企业一把手的信任比其他团队管理者、关键人更为重要，当度过与企业一把手的短暂"蜜月"后，便会陷入极为不利的处境。

(3)信任危机

与企业一把手的"蜜月期"有长有短，这关乎空降管理者个人的能力，说白了也是每个人的生存之道，有些人擅于"演"，表现优秀，演绎出色；有些人擅于"打"，撸起袖子干实事。当"蜜月期"度过后，高层系统的力量会在组织内出现不同的声音来评价空降管理者的能力。他们往往会忽视系统的自身问题，将责任归在组织中的个体上，而被赋予破局期望的空降管理者往往是首当其冲的角色。信任危机由此开始。

从生存的视角出发，空降管理者应快速建立以信任为基础的业务共识，具备“一手抓事，一手抓人”“两手都要抓，两手都要硬”的策略。同时在系统中的管理者应客观且理性地认知组织自身的问题，并通过系统的力量形成团队的能力矩阵，合力解决组织的问题。

(4)“过度期待”而形成的系统风险

空降管理者往往被赋予更多的破局期望，尤其出现业务危机时，组织内会呈现出极度焦虑的群体心智，这种焦虑往往会转移给空降管理者并期待他能寻找到突破口，这让后来者在组织中感受到强大的系统压力。而更多空降管理者并无意识系统给予的压力，稍不留意就进入到组织心智系统的漩涡中，甚至将压力转嫁给团队，打着“死亡行军”的独特方式，为自己短期内的生存争取“政绩”。最后导致团队出现问题，也影响了组织战斗力以及协同信任。

作为管理者必须时刻保持警惕，在组织出现任何危机的时候，更应该保持清醒的头脑，并适时跳出当下的业务或团队从系统的角度看问题。组织的系统因为个体构成而变得极为敏感，任何的组织调整、变动都将给组织带来阵痛或致命性的危机。我们只有能够看到问题背后的组织系统，看到个人行为产生的心智模式，才能对症下药，制定出最优的组织及人才策略。

生存之道，大道无形。一个公司，一个组织，组织中每一个人，是否能做到共存且和谐发展，关键得看组织系统中，从个体的心智出发，是否能找到自己正确的位置。大家都能各尽其能，各尽其职，各取所需，便能自然且和谐发展。

4.从自我到无我，组织内在力的提升

管理的本质是推动组织的发展最终实现战略落地的过程。

从管理明线来看，通过业务的目标达成来实现战略目标的落地。组织要发展，业务是首要的，只有聚焦战略方向，清晰策略打法，完成业务目标，才能拿到结果。

从管理暗线来看，就是历经组织发展的全生命阶段。借着业务打磨团队，让组织能力得以提效，具备持续打胜仗的作战能力。

从组织建设到发展，说白了就是通过对个体在“选用育留”上的管理动作加以重复循环，不断地挖掘、激发、提升组织的个体潜力，推动一个组织内的个体从自我到无我并引发群体心智的发展过程，依据这条主线通过四个阶段来打磨组织的内在能力（心力），提升组织意愿度。

(1)打破防御，建立信任——从开启“心智模式”开始

我们常常在业务发展中看到很多问题的呈现：比如每个团队都很努力，但目标总是无法完成；比如团队间矛盾重重，

无法力出一孔等。这些显见的问题我们往往会归于个体行为所造成的结果，比如惯性地去盘点每个团队的过程及结果来衡量这个团队或团队管理者的优与劣，或仅仅从中找到未完成目标的因素；比如存在矛盾冲突的团队，会归为团队中的个体关系的好与坏，或认为解决冲突及矛盾的团队就能做到力出一孔。当我们能够系统地看到发生在这些显性问题或个体行为背后的系统原因，就可以避免陷入组织管理中认知上的死角和盲区。

对于一个组织而言，只有组织内的个体之间建立信任并形成“一颗心”，才能具备高效协同的作战力。然而人与人的信任基础其实非常脆弱，每个在组织中的个体都有自己不同的需求，就是每个人想要的都不一样。因此，首先我们需要先去了解不同人的不同需求，必竟每个人的生长背景、过去的经历遭遇、当下环境的需求、未来自己的定位规划都各不相同。保持对每个人需求的理解和接纳，让组织内的个体各尽其能、各尽其职、各取所需并通过个体的需求找到团队共同的愿景。

打磨团队的心力有很多工具。比如深度汇谈，当个体间矛盾冲突明显，不妨为彼此内心的打开做一场 SPA；比如一场战役后的业务复盘，把事情盘清楚之外，更重要的是透过事件看到个体的心智模式，可以更好地反思自我，从而找到优化和改善的空间。彼此指责，相互批判，这对于未开启心智模式的组织，在没有打开防御、建立彼此的信任前，会加剧组织的隐性矛盾。

团队心力，既要有方向和目标，也要有彼此的背靠背，力出一孔；既能满足当下的个体需求，也能共同看见，利出一孔。当然建立团队的信任，不是一次活动、一次会谈就能建立的。团队的心力不是说有就有，心力是一次次不断打磨的过程，心上磨，事上磨，思想磨，行为磨，渗透在每个管理环节、每一次彼此的沟通、每一场战役、每一个协同的过程，渗透在团队每个伙伴身上。要理解和接纳个体的需求，开启个体的心智模式，聚焦方向和使命，团队个体学会彼此相信，敢于背靠背。逐步打开团队间、个体间的自我防御，形成组织“一颗心”。

(2)共同学习、共同成长——学习型组织的引入

很多在变革阶段的组织会通过一种相对柔和的方式打磨团队的心智模式，即通过团队的共同学习获得心智上的成长，在实践中实现心智模式的修炼。我们要为一个组织营造能开诚布公地谈论问题、相互挑战思想观点的氛围，不断反思和质疑自我，这是建立心智模式修炼的基础；还要把反思融入工作环境，或者通过机制化来提升组织中个体的意识水平和反思技能。

然而有些错误的认知以为营造学习的氛围即可形成学习型组织，没有针对性地对组织呈现的问题做更深入的思考、设计和学习实践，习惯性地认为组织通过学习就可以得到成长。这对于组织中个体的心灵转变并不会起到多大的作用。

团队学习与个体学习是不同的两个概念，从表面上看，都是通过学习获得知识从而得到成长。但团队学习是一项集体修练，在共同学习的过程中，个体容易呈现出“习惯性防卫”，来捍卫自我的观点和经验，但这些做法同时阻碍了我们的学习。因此学会如何创造性地应对这种反对的力量，有助于探寻和反思技能的提升，并通过激发集体的智慧，超越个体的理解力来改进团队学习中每个人的思维与认知。这是个体学习所无法达到的状态。

案例

在几年前，我曾经入职一家知名的大型集团公司，当时我接手了一个刚收购进来的团队——一家在垂直泛娱乐行业十年沉淀的App，当时其坐拥几亿注册用户。对我来说当时最大的挑战有两个：第一，收购团队如何与集团现有业务形成战略“一张图”；第二，如何让收购团队快速融入并与集团原有团队形成“一颗心”。

从外部市场环境来看，竞争对手早已在几年前完成了该领域业务的策略性战略布局，他们的未雨绸缪使得集团的该业务进入十分被动的局势；从内部环境来说，集团对我们业务的战略意图足够清晰，且业务方向和目标也提出了使命必达的要求。然而组织却出了问题，这支被收购的团队并未因被集团收购而产生良性的组织动力，反而整个团队弥漫着低迷的情绪，包括该团队的创始人在内的核心管理者，对集团的文化制度各种“水土不服”，从而使团队处于极度防御的状态，并站在完全自我的角度，与集团原有业务团队形成对立。

临危受命，我要解决第一个问题：转移团队自我的立场及视角，引发对于业务的关注，毕竟业务是这支团队耕耘了十年的心血。面对眼下的竞争局势，我们的路在哪里？如何走出困局？与集团业务形成“一张图”的过程中，经过无数次的共创打磨，大家逐步清晰了基于业务方向的实现路径。共识有了，如何让两支不同业务认知的团队形成协同，是我面临的第二个挑战。

我们尝试引入学习型组织，通过共同学习共同成长的方式来打开两支团队的心智模式。我们挑选了团队中一些核心骨干，明线上举办一次读书会，但暗线里针对两支团队明显的冲突行为组织了一次心智上的“深度汇谈”。

读书会以“探寻与宣扬”为主题。大家通过不同的视角、理解、真实经历描述和反思自身的行为以及彼此的感受，对这个部分的内容做了全方位解读和诠释。深度的场域让参与其中的每个伙伴逐步打开内心的防御，同时也让彼此看到基于不同的思维模式引发的各种误解。反思是对自我的一种认知、行为的解读及思考，主动引发的反思松绑了思想和认知，也打开了个体间的防御。读书会结束后，在团队间的协同上有了更好的沟通方式，矛盾和冲突在彼此的理解中完美地化解。此后，这种共同学习共同成长的方式也被核心的管理者带到自己的团队。

学习型组织，共同学习的是视角、思维和认知；共同成长的是心智。从自我开始改变，成就的是彼此。

学习型组织能够系统地应对组织中的“习惯性防卫”，将看得见的思想观念冲突变成富有成效的创造力。而不是表面看似和谐，内在早已形成僵硬的两极分化，相互冲突的观点根深蒂固，彼此也不会妥协和松动。

(3)自我超越、自我蜕变——管理三板斧之“揪头发、闻味道、照镜子”

我们用“自我超越”一词来描述个体成长和学习的修练，并不断地为创造自我的价值拓展自己的能力。通过个体的学习更清晰地观察现实，毕竟愿景与现实的差距是我们的可为之处。当自我超越成为一种终身修练，首先要了解自己的无知、无能以及需要改进的地方并通过不断学习的方式来提升。

个体的全面发展，是企业实现卓越目标的基本要求，在推进员工个体成长的实践过程中也是实现组织成长的路径。好的组织把个体的发展看成实现组织目标的手段，在组织发展过程中，从组织1.0到3.0的变化实质上是组织心智从自我到无我的过程，这需要组织内每一个个体回到自我修练的状态，通过团队的共同学习、共同成长，自我超越、自我蜕变，逐步形成团队的无我协同、愿景驱动。当然个体成长的修练都应该是自愿的选择，强制手段一定会带来事与愿违的结果。

管理者们可以创造一种学习的氛围，使自我超越的修练在日常的工作生活中得到实践。或者给予一些修练的工具，或以自身为榜样。实践管理者的自我超越也是驱动组织系统内在动机的力量。

① 管理三板斧之“揪头发”。“揪头发”是让我们“上(换)一个台阶看问题”，从上级、上级的上级、客户、行业、跨部门、跨公司、下属或不同的台阶、不同的角色、不同的出发点，来看当下面临的局面；“下一个台阶做事情”，理解行动背后的原因，回到本位思考行动和执行策略。

组织管理中的“揪头发”是领导力中开启团队心智模式中最为关键的一种手段，向上一层，腾出空间，突破小我，让危机成为成长的动力，逐步形成真正意义的“使命驱动”。

② 管理三板斧之“闻味道”。做一个小型的诊断：你的组织中是否出现如下现状？

——组织越来越大，伙伴之间不像以前那样相互信任了。

——在组织中，我们不敢讲真话了。

——业绩的压力，让很多人埋头在事情上，认为文化建设是人力资源的事情。

——气氛压抑，互相不说话，斤斤计较，老觉得自己吃亏，很多虚话、套话，拼命隐藏。

如果你是团队的管理者，请你问问自己这些问题：

——你觉得自己团队的“味道”如何？如何做的判断？

——你的下属愿意对你讲真话吗？

——员工愿不愿意留下来跟你一起干？

——你团队中的每个人是不是都愿意担当？

作为一个管理者，你是否思考过，一个组织中，你想要的味道是什么样的？为什么你想要的是这个味道，而不是其他？你该如何去把握这种味道？事实上，你在闻味道的同时，团队也在闻你的味道，你需要什么味道，团队会给你什么味道，这个味道就是你内心遵循的那份原则和底线！

在清晰想要的味道后，你有没有和你的团队讲过 100 遍，坚持过 100 遍？味道是人与人之间的关系，作为一个管理者，必须打起全部精神去感知团队的状态，这是一种敏感度和判断力。管理者要有能力去把握和识别这种组织的味道，及早防微杜渐。

如果你希望团队是一种什么样的味道，先以身作则去做。你也可以走出去“闻”别的团队的味道。将你自己“闻”来的好味道，分享给你的团队共同学习，让团队获得受益和成长，逐步形成团队自己的味道。如果你很坚定知道团队要什么样的味道，就讲 100 遍，然后做 100 遍！

③ 管理三板斧之“照镜子”。我们先来做个微诊断。从管理者的视角：

——我想要做的事，我的团队总是有质疑声，不坚决执行我的决策方向。

——我设定的目标，我的团队总是很难落地和完成。

——我觉得我的团队付出还不够极致，我不知道他们每天在做些什么。

从员工的视角：

——我的老板总是看到别人做什么，他也想做什么，计划赶不上他的变化。

——市场的热点，即便不是我们的业务属性，老板也要做。

——我的老板总是觉得我们的产品是最好的，他的想法也一定是对的，市场没有可竞争的对手。

学会镜像管理，打开认知盲点。这就好比你每天出门前，会自然而然地照镜子一样。照镜子作为一种管理手段，会让你看到很多“盲区”。

组织的生存之道是我们必须保持清晰的头脑和意识，来追求事物的真相，接近现实的观察，把感知和观察的镜片擦干净。无论是业务问题还是组织的现状，我们都必须要从自我扭曲的现实中清醒过来，直观实相。

给业务照照镜子：务虚、共创等都是给业务照镜子的手段，组织需要定期做市场研究听听用户的声音，或者约一些核心的业务主管开开共创会，聊聊客户需求或者市场变化、竞争对手都在做些什么？哪些方向值得我们去做？可以短期做还是中长期形成长尾？怎么实现商业变现？业务或产品中哪些能够做得好？与客户的需求及痛点相匹配？哪些产品需要迭代或替换？业务形成的关系或链条是什么？沉淀出来的通用方法论或复用技术有哪些？给业务照镜子，从为用户解决需求的视角出发，外观市场及竞争对手的动态，吸收他们的优秀之处，加以学习和研究；内观自身的不足，找找背后的原因，加以改进。

给组织照照镜子：复盘、裸心会、人才盘点等都是给组织照镜子的手段。我们时常需要盘一盘组织能力是否匹配业务战略的落地，如果存在差异，背后的原因是什么？该如何找到更好的方案及策略去缩短差异？我们该用什么样的人打造什么样的团队才能支撑未来2～3年的业务战略落地？组织中个体能力存在哪些问题？需要怎样去提升和训练？通过设目标拿结果，怎样借事修人，打磨团队？什么样的组织机制支撑和保障业务战略落地？是什么样的组织文化支撑业务战略落地？

实质上，我们所做的一切都是为了保障业务战略能够落地。组织的成长和发展是持续打胜仗拿结果所需要的组织战斗力。管理者居组织的高位，决策之上或执行之下，都存在一定的盲区。因此组织中无论是“头部”“腰部”还是“腿部”的管理者，都需要具备一定的“胸怀”。没有包容就听不到其他的声音，没有坦诚的交流就不会有开阔的视野，没有广度的信息，决策就容易出现错识，组织也不能打胜仗求发展。所以我们眼里要有竞争对手，要有敢于向你提建议的伙伴，这样才能走出思维、视野、胸怀的盲区，看到更多可能！

(4)共同愿景，共同看见——未来愿景，使命驱动

共同愿景不是理念，它是人们内心的愿力，共同愿景是我们想要创造什么，是一个组织每个人内心的图景。这幅图

景让组织有共同性存在，并为之保持一致性。如果组织中的每个个体心中都有一幅相似的图景，那便是真正的共同愿景了。

对一个学习型组织而言，共同愿景至关重要，因为它是学习实践的焦点，也是动力来源。当然这对于管理者也是有挑战性的，即如何创造出一种共同的目标感，让每个人同心协力，目标一致，全心奉献。共同愿景是大家真正愿意投入的方向，是一种内心深处迸发的高意愿度，因此围绕共同愿景的修练找到目标和价值，说出共同的故事，是学习型组织的一门集体修炼课。

企业的战略应该是长期思考的堡垒，而非基于短期或反应式思考来主导，这是建立共同愿景的基础，当然还包括企业的理念、使命目标和核心价值。比如“我们追求创造的未来图景是什么？”“我们存在是为了什么？”“怎样做才能符合我们的使命？”等。

共同愿景能够激发组织中的个体内心更深的热情以及更大的抱负，工作就成了追求价值的过程。同时，共同愿景改变组织的群体心智，公司也不再是“他们的公司”，而变成“我们的公司”。当信任建立打开防御心智，共同愿景就会让组织中的个体形成链接，凝聚更多的人的能量，创造共同的认同感。

要建立共同愿景的组织，应该不断激励组织中的个体，开发其个人的意愿，这样的愿景才能产生能量，培育出具备奉献意愿的个体。否则就如“报名加入”别人的愿景一般，个体的愿景激发就变成了强迫顺从。如何期待个体会产生奉献意愿呢？只有从个体内心的志向引发让一群人走到一起，产生有力的协同效益，来成就“我或者我们真心愿望的”未来，才会让一群人有创造未来的能量。

见过很多公司，将高层关起门来写出愿景宣言，用传统的从上到下的程式化、机械式愿景梳理方式，认为愿景总是从“高层”宣示的，缺乏了建设共同愿景的基础，也违背了“我们的愿景”初衷，组织中“个体愿景”被忽视，实质上只是成就了高层管理者宣扬“共同愿景”背后的“个人愿景”。这所谓“官方式的愿景”无法激发组织个体的内在动力，仅仅作为停留在“唇齿间”的演绎产物。

真正的“共同愿景”需要时间才能浮现出来。倾听个体的愿景，分享彼此的梦想，从聆听中产生共同的洞见，理解各种各样的想法，接纳不同的个体愿景，求同存异，尤其是组织中的高层管理者，应该花时间聆听组织想要什么？而非站在“我想要什么”的立场，从而超越并整合各种个体愿景出发的最佳路径。

5.群策群力，用参与感提升员工的归属感

团队必须学会如何挖掘个人的思想潜力，通过群体思维的激发来实现组织心智的超越。对于学习型组织来说，共同学习与核心业务相结合的实践修炼是最好的演练方式，通过共创激发，将新的思想和方法在业务中生根，就需要肥沃的土壤，通过“集体智慧”来避免“趋同思维”在群体压力下的屈服或顺从。我们有时候会发现，建议的提出者往往有更高的驱动力和激情去完成自己的提议，这就是通过参与感带给组织中的个体产生自我价值的实现来激发个体意愿和驱动力。

事实上，人的思考是不连贯的，也存在更多的死角和盲区。对于学习型组织而言，思考很大程度上是集体性的，不能仅通过个人的方法来改进我们的思考模式，集体性思维的激发使团队伙伴间能逐步建立深度的互信。基于平等关系的交流商讨中，我通过你的视角“看出去”，你也通过我的视角“看出去”，形成超越每个人个人观点的更大图景，看到彼此无法看见的景象。因此，通过集体的不同角度来探索复杂且困难的问题，或者在面临困局的突破上，基于参与方的多种视角解读剖析，来超越每个人的理解力，彼此接受不同的观点和想法，最后凝聚意见，形成结论和行动路线。

（二）通过“选”与“汰”的有效循环，提升组织的专业能力

有了市场和客户，就够了吗？没有一支有高效战斗力的团队，即便有好的战略方向也很难拿到结果。“外在能力（脑力）”是组织的硬件实力，也是拿到结果所须具备的关键技能、专业认知以及系统思考。所谓专业的人做专业的事，未来组织的构建需要先从组织中个体的先进性开始探索，通过“选用育留”的基础管理循环打造及升级组织的硬实力。

1. 团队由谁来建

团队的管理者，并不只是目标的落地者，而应成为组织系统的设计者，但这并不意味着这个角色让管理者置身事外，因为管理者本身也是系统的参与者。尤其是基层的管理者，作为战略转化落地的实践执行者，以设计师的第三方视角，更能够清晰地看清组织的系统问题需要通过怎样的调整得以改善，也完全可以通过系统设计对团队构建提供深度思考后的人才布局。共识了这个思维后，我们可以很轻易地找到这个答案。

管理者要先有系统且深入的思考：比如我们做的是一个什么样的业务？我们的客户是谁？有什么样的需求？我们怎样匹配才能满足客户需求？这是管理者需要为组织设计

的指导思想，当然也包括我们的目标、愿景以及共同的核心价值，这对于团队建设发挥了核心作用，更是团队激发和凝聚能量的基因内核。从这些思考原则出发，能够清晰定义我们是谁，我们的团队要什么样的人，不要什么样的人。

“设目标、建团队、拿结果”，是基层管理者工作的核心内容，围绕打造团队，以“一张图、一颗心、一场仗”的组织内核，用系统的视角看清业务，理顺业务逻辑，并通过组建团队来构建系统力量，形成团队内的思维共识，比如：目标背后的战略方向是什么？为什么是这个目标？目标怎么来实现？实现路径和策略是什么？团队需要什么样的人？怎么通过排兵布阵达成合力实现目标？有可能产生的目标差距会是什么？如何做好风控？实现目标的组织能力怎样？如何调整或提升？理顺这些问题后，最终通过组织的合力拿到结果。

2. 团队怎么建

在准备建团队前，先做一个自我诊断，看看以下这些问题你思考过没有？

——我清楚地知道团队的业务方向和目标

——我清楚地知道实现这个目标所需要的组织能力现状

——我清楚地知道为了这个目标所需要的团队构成方式

——我清楚地知道这个团队要什么样的人不要什么样的人

——我清楚地知道如何清晰地判断和识别业务所需要的人

如果你觉得这些问题很陌生，请先停下你手中正在进行的招聘工作。把这些问题思考清楚，也许能帮助你有效评估团队的现状，并确定接下来你想要的人才。从“我们是谁”的问题出发，找到适配业务和组织的人才。

管理者在业务中常面临现实中的短期压力，比如短期的目标实现、绩效、资金压力、来自高层管理者的施压等，都会削弱管理者对于组织塑造未来的信心，也使得管理者无法抬头寻找未来人才。由于基层管理者无法看到问题背后的系统因素，而被当下的压力所束缚，往往最后的结果是组织的建设永远赶不上业务的快速发展。组织问题周而复始地循环，管理者面对进退两难的局面，很难真正做出促进发展的系统思考。这并不意味着纯粹的变革不需要面对短期的压力，而是要求管理者要保持质疑心态以及不确定性，在进行充分的系统思考后，设计组织构建方式来满足业务发展的需要。

（1）人才搜寻。人才选拔中搜索的动作很重要，这不仅是选拔优秀人才的第一步，更能从人才筛选的过程中，掌握外部人才环境，定位人才的搜寻方向以及目标人群，有效形成自己的“人才地图”。每个管理者都应该有一个自己的“人才地图”。

清晰的职位描述是必要的，也是对外传递组织用人的选拔标准，有时候在职位描述的语言和用词上增加细微的设计感，更能够吸引有趣的灵魂，让枯燥的招聘工作变得富有意义；搜索人才并不只是人力资源的工作范畴，近几年，团队更多的管理者也参与其中，毕竟身在组织内会更清晰用人的方向，越来越多的管理者开始意识到组织建设这一长期且持续的人才工程的重要性。

除了传统的招聘渠道外，任何与人有关的场合也都是渠道。当基层管理者能够清晰且系统地看清人在组织系统中的意义，那么渠道一定不是阻碍人才搜索的核心问题。

（2）人才鉴别。人的特质通常分为显性和隐性。从冰山理论的模型来看，显性特指在水面上冰山露出的部分，比如行为、知识、技能、经验等，代表一个人经历过什么；隐性特指冰山藏在水面下看不到的部分，比如能力、潜力(代表一个人懂什么，会什么，能走多远)，价值观(代表一个人会怎么做)，个人特点、品质(代表这是一个什么样的人)，动机、内驱力(代表一个人想做什么)。

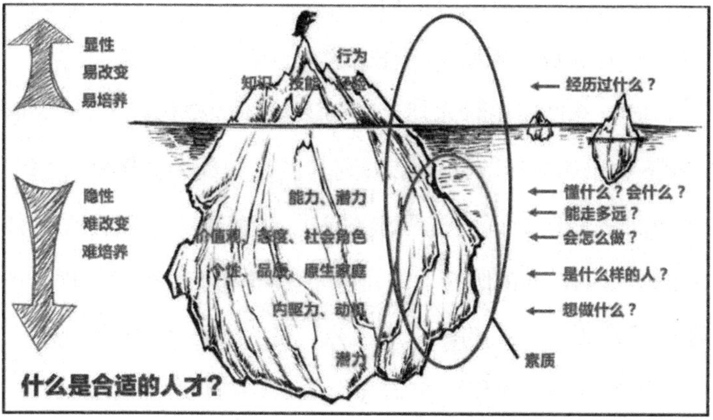

在人才鉴别过程中，要透过表象看本质，人才不仅需要有符合当下业务的专业能力，更要有可持续发展的未来潜力。怎么去判断人才的潜力呢？第一是人才的系统思考力、专业和思维逻辑的底层构建能力以及理性层面相关的能力，对于信息、思考、沟通、落地等具备足够深度的思辩力，能够举一反三，知其然知其所以然。第二是人才的心智模式。能够站在自身之外的视角去链接到更大的使命和愿景，而为现在所做的事带着空杯心理努力去改变，具备利他之心以及谦卑之心。第三是学习力。要有基于系统思考下的学习能力，提炼本质逻辑，并学以致用，付诸行动。能看到自我的不足，能从任何人和事身上吸收和学习，并加以提炼形成自己的方法论。

清晰这些判断的方向后，用好人才鉴别的工具“望闻问切”，来帮助评估和判断合适的人选。

望。透过现象看本质，透过人外在的个体行为(比如眼神、下意识的反应等)、语言看到其内在的经验和想法。“望”帮助面试官在面试的过程中对人才的识别不只停留在认知表面。比如，人的眼神，一定程度上遵从了心智的呈现，内在的潜意识会在人的眼神中流露，痛苦、快乐、兴奋、委屈、紧张，有时这些表现会与语言形成一定的反差，透过这些神色可以帮助你去捕捉其真实的内心。

闻。从人才隐性特质呈现出发，通过“闻味”，发掘个体行为、语言、思维等背后所散发出来的个体特征、内在能量、价值观和信念。通过“闻”，结合“望”，洞悉个体事件发生背后反映的动机、思维逻辑以及价值观，并判断是否与我们的团队契合，是不是我们需要的“味道”。

问。语言是思想的物质外壳，是最直接反映个体脑力，即专业、逻辑、分析能力等思维性、系统性的部分。通过“望、闻、问”结合，收集信息作为决策的依据。很多面试官不会提问，无法从有效的问题中收集到决策的信息，下面，提供两种习惯性回答语言的识别和一种有效的提问方法。

第一种，删除式回答。人的大脑每秒钟能接收到大约200万比特的信息数据，因此在表达的过程中，很容易出现语言删除，我们称为“删除式语言”。比如“在那段经历中有些部分我做得不好”，当我们听到对方的这种删除式回答，我们需要引导其通过更具象的描述，或者让其回溯事件发生的当下，帮助他逐步还原当时的情景，进而发现事物的本质。比如：你表达的是你哪段经历？当时发生了什么会让你认为自己做得不够好？通过对方对这些问题的回答，能让你清晰地了解，当时他经历了什么，他是怎么思考的，为什么会这么思考。只有获得全面的信息才能帮助你更客观地对人才作出判断。

第二种，扭曲式回答。人在说话的时候需要把储存在大脑深层结构的数据简化才能有效地表达。在简化的过程中，有很多表达会同时产生数据扭曲。比如，很多人会说“只要你相信我，我就可以做得到”。从这句话中，你能看出对方是一个需要他人肯定的人，内心之中欠缺自信。因此，从别人扭曲的回答中，你能对一个人作出判断，也可以继续追问来加以验证你的判断，比如：“为什么需要别人相信你，你才可以做到？在你的过去，有什么类似的事件吗？”

针对在回答问题的过程中容易出现删除式回答和扭曲式回答，可以使用澄清事实提问的方式，这是在心理咨询过程中常见的提问方式。澄清事实提问是通过一段经历或一个事件从不同的角度提出问题，层层剥洋葱式的提问，正着问，反着问，把删除内容还原以及扭曲语言的逻辑修正，从而看出面试者在脑力上是结构化思考还是碎片化思考，其中，结构化思考是潜力中至关重要的部分。

切。指的是对人才的把脉。从小见大，切中要害，追根究底。人性中的善恶显而易见。善恶行为，也称为个体价值观。每个人做事都有背后的动机以及发生行为的初心。把脉不止在面试过程中，更是持续性的管理动作，人才入职前，传统的把脉方式有背景调查、学历证书的验证等硬性方向的把控；人才入职，对其能力价值观有试用期考核等软性方向的关注。把脉的本质是对人才的进一步识别，也印证“日久见人心”的老话，杜绝“野狗”——有才无德之人对组织的伤害。

除了“望闻问切”的工具外，还有更多不错的面试工具，比如“STAR面试法”，都可以辅助和提升管理者在人才识别上的判断能力，避免出现认知盲区，形成自己的主观判断，增加了用人风险及成本。

（3）用人决策。作为面试官，你的每个决定都很重要。以下是阿里巴巴面试官的用人理念（为102年寻找未来人才）：

——为今天，也是为明天(经验潜力)。

——接受和自己不一样的人(求同存异)。

——寻找比自己更优秀的人(超越伯乐)。

管理者常见的心态：比如“他应该能做好这份工作，我们人手短缺”“我有些犹豫，但也没有觉得这个人什么特别不好”“业务压力太大了，能有个人干活就好了”。这体现了管理者在心智模式上的自我超越能力，从团队建设过程中对自我不断学习、追求和挑战。优秀的管理者通过寻找比自己更厉害的人来提升组织整体能力以及自身管理能力上的突破，更是组织愿景力的再一次验证，因为他们具备了目标和使命感，能致力于不断改进和提升来实现战略目标，他们承担着更深远的责任感，怀有更大的抱负，而不是获取自我满足感。

3. 组织的新陈代谢

组织的恶性循环往往呈现出负向的系统环路，比如人才匮乏；因为担心培育好的人才为他人做嫁衣而没有系统性地设计组织的人才发展路径；通过高薪吸引的方式希望个体改变系统模式、高流失率；由于系统无法短期发生改变，对于新人期望过高而导致生存周期变短等。负向的系统环路对于长期业务的发展阻碍不可言喻。由于管理者容易陷入病急乱投医的状态，没能清晰负向的系统环路上的问题，而急于解决眼下最为棘手的显性矛盾，因此，即使穷尽各种方法和工具，最终本质的问题仍然得不到根治。

吸引与汰换是组织新城代谢的入口和出口，组织在成长过程中，会出现一些不合适企业的人，“送不合适的人走”是每一个管理者都需要面对的环节。对于不合适的人，管理者可以先通过帮助改进的方式去提升能力或改善问题。绩效改进计划（PIP）可以帮助个体改善阻碍产出和结果的能力以及弥补差距。事实上，学习型组织把PIP视为共同学习的实践应用，系统的心智模式同时也影响了PIP过程中的习惯性防御，让改进处于一种敌对的模式。管理者在对于PIP改进计划的过程中应充分探索阻碍行为背后的原因，找到可以共识的方式和手段，通过行动帮助提升个体能力。

对于在帮助改进后，仍然无法满足业务需求的低绩效、低潜力伙伴，作为管理者要主动去面对，做合情合法的沟通，同时提前在现有团队中做好预防，避免影响到团队。管理者应多关注关键过程，做好定期的沟通，时常复盘，不断与员工达成共识或者及时指出问题。

组织中最应该被汰换的三种人：

——团队正态分布中处于尾部的10%-20%的低业绩低潜力群体

——团队中的“野狗”，即有才无德、与公司价值观严重不符之人

——团队中的“白兔”，即能力差，产出和价值低，

但认同公司价值观，工作态度也很好之人

吸引优秀的人才以及建立人才培育机制孵化内部人才，以双通道的人才建设机制保障组织能力，匹配业务发展的需求，同时及时汰换不符合组织发展的人员，最大程度地创造组织的可持续竞争力和生命力。

（三）让每一场仗都能变成具有“战斗力”的集体行动

一种可以拿到结果的集体行为，我们称为组织的“体力”。光有心力、有脑力，但打不了仗或打不了胜仗，没有战斗力的组织，心力也维持不了多久。因此围绕业务、组织、人的管理循环才是组织真正内修。所谓“借事修人”，借的是“场”修的是“人”。最终都只为拿到结果、实现目标。

1.目标是战略方向的指明灯

目标不是凭空而来的，目标的设定基于战略之下的“一张图”，什么样的事定什么样的目标。60%的管理者无法衡量目标的有效性，大多来自投资方给到的业绩压力，或者仅靠经验主义。目标过高，完不成目标影响团队士气；目标设置过低，完成目标又太过容易。随意地设定目标，容易走两个极端，对打磨团队的成长性来看毫无意义。

(1)目标设定的误区及正确定义

①业务大图下的目标设定

目标设定是“一张图”中最为核心的环节之一。基于业务大图，你需要让团队看见业务方向在哪里，这是一场什么样的战役，为什么要打这场仗，背后的考虑是什么，拿下这场仗对于战略的意义或里程碑是什么，这是团队共同看见及业务认同的过程。共同看见即大家聚焦战略目标、商讨基于战役的打法策略，并找到在战役中各自的位置及使命，形成共识协同的业务上下游链接以及彼此捆绑的共赢关系。

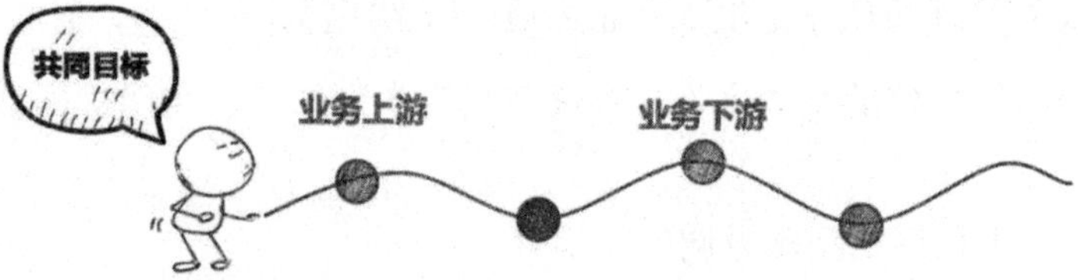

每一个业务环节都是关键，不只完成自己的目标，而且是完成共同目标

目标的设定与内外环境都有着密切的关系，市场的环境、竞争关系、客户需求的变化、业务的方向及路径、产品与需求的匹配度，以及最为重要的组织能力等众多变量的因素都对目标的设定产生影响。只凭主观判断目标数字，会错估团队的作战能力，过高的目标使得团队望而生怯，最后的结果往往是无法完成；过低的目标，又让团队太过轻易就可以完成，对团队的能力成长也起不到任何帮助。

我曾经帮助一家公司做战略咨询，并与他们的高层一起设定业务目标，当时 CEO 报出的目标数字是几十亿，而事实上，这家公司在过去连几千万的目标都没有完成。然而在共识目标的过程中，核心管理团队的成员都很从容和淡定。通过访谈有所了解，他们的淡定并不意味着目标可以笃定完成，而是认为完不成也没有关系。因为在过去的一两年，设定的目标拿不到结果是一个常态。

为了能确保这家公司今年业务目标的可落地性，我们与该公司的高层重新梳理基于战略意图下的业务方向，整理已有具备商业变现能力的产品线，从而让目标形成相对清晰的落地方向和实现路径。通过共创的方式，让战略和目标传递下去，对焦业务链条中每一个职能的协同关系以及核心 KPI，并尝试建立数据管理仪表盘，让管理动作有据可循，最终这家公司以 120%的目标完成率打赢了这场战役。对于一个组织而言，这场战役的成功并不是简单地完成了业务目标，更重要的是组织从心力、脑力和体力都得到了一次内修。

因此目标设定必须基于战略、基于业务方向、基于组织能力。对于目标本身而言，明线是让团队的组织效能产生可衡量的标准和结果，让组织有产出、有价值；暗线则是组织管理的循环过程，通过提升组织能力，从而应对更大市场、更高的目标。

②依靠团队的群策群力

明确业务方向，设定业务目标，组织需要通过“一场仗”来实现目标的落地，过程中我们通过形成团队的能力矩阵，也是我们常说的排兵布阵来验证策略和打法的有效性并拿到结果。然而组织中每个个体都沉淀了不同的经验和认知，涉足过不同的行业及专业领域，站在不同的视角和立场，存在不同的差异和想法，这些不同导致团队存在更多思维盲区，对于业务大图是否能落地往往存在不确定性。

回到上述的案例中，在形成业务及目标共识的过程中，这些核心团队的管理者们，从原来仅仅接受CEO拆解目标分配任务，到有机会共创业务方向甚至是基于目标的实现路径来验证目标设定的可行性，他们往往站在市场的一线，接触到产品的用户方，知道现有的产品是否能解决用户的痛点，怎么解决；还能更近距离地接触竞争对手，了解对手是什么样的打法，有什么样的市场策略、布局策略，与公司形成的竞争差异在哪里，从而回到自己的目标上，实现路径上还存在哪些阻碍，面临的核心问题是什么，该怎么形成有效的风险措施，使之最终拿到结果，完成目标；同时也给下一次的目标设定提供了一定的市场以及用户依据。

群策群力是通过团队的集体智慧，看到更多的视角、认知及思维盲区，从而实现更多不可能的可能。这是集体智慧的力量。也是逐步形成组织“一颗心”的方式之一，透过共同看见，实现共同描绘的未来蓝图，让大家更有信心为这个方向或阶段性目标冲刺。

③激发个体驱动拿到结果的才是好目标

在心智模式章节中，我们提及过，组织中的个体存在不同的需求。有些是显性的，有些是隐性的；在组织的需求阶梯框架上，管理者可以多研究马斯洛的需求论，基本已经涵盖了大部分的个体需求。对于组织内的个体而言，实质上是个体通过实现工作成果来获得无论是经济回报、能力提升，还是通过实现个体在社会中、团队中被需要、被肯定、被认同来满足的自我价值实现。组织中每个个体的需求都不一样，有些人是为自己的家庭、孩子实现更好的生活而奋斗；有些人是为了积累更丰富的经验和专业能力，为自己的业务或职业有更好的发展而努力；有些人则是实现自己的梦想，而与公司共进退。组织目标是看见共同愿景、实现战略的阶段性里程碑，通过实现共同的目标来满足个体的需求，这是一个共赢的过程。

因此，我们即便有更通用的管理方法论或者经营的底层逻辑，也会遭遇不同的组织问题及个体事件，因为业务、组织、个体都是组织管理过程中的不确定性及变量因素。我们需要面对的是不同管理事件及其背后不同的认知系统。每个组织都是独立且个性的存在形式，不同的业务领域、应用场景，解决不同的客户需求；不同的个体以及心智模式组成的不同阶段的团队；不同的机制和系统流程、文化DNA，呈现的组织力都不相同。组织管理的多元化及个性化也对每个管理者提出更高的管理挑战，因此需要我们都学会以开放的心态接纳不同的想法、创造不同的方法、解决不同的问题、满足不同的需求，让无数的个体形成聚力。

因此，切勿分配目标，切勿当人是完成目标的工具。同时，不关注拿到结果的目标设置也毫无意义，好的目标是共同的目标通过合力产生的共赢，是一群人共同去完成的事件终点或里程碑。

(2)如何设定团队的有效目标

什么是有效目标？能拿到结果的才是有效目标。看得到、摸不到的不是有效目标。目标设定得再宏远、数字再惊人，还是需要回到团队能够落地的台阶上。目标不是拿来忽悠投资人的，最后实现投资成功的还是要看组织的战略落地，看那些在财务报表上体现出来的明晃晃的真实的营收数字。那么怎样才能设定有效目标呢？

①目标设定前的准备

A. 内部环境

数据说话。主要是往年的目标/业绩完成数据、人效、投资回报率以及各项管理数据、财务上经营数据统计和分析等。把这些真实的数字统计出来，通过同比、环比的数据对比，管理者可以非常清楚地知道基于过去实现目标的数据，知道我们做了什么、完成了什么，且完成得好不好。很多组织在业务孵化裂变的过程中，最为基础的生存线，先看能否养活团队，再看是否跑通商业路径的规模化、利润化，从而实现可以裂变的条件；另外，从过去的数据看未来的市场的数据、竞争对手的数据、产品或业务在市场上的优劣势呈现，这些数据都可以帮助我们作决策。所以，让数据说话，建立数据管理仪表盘，从而基于数据，做一些有效的业务策略调整或者制订目标。

组织能力。在设定目标前，组织能力是否能够匹配业务目标的完成可以通过人才盘点，看看关于组织能力的一些数字，比如人才结构、人效、人事费用率、投资回报率等，以及基于这些数据背后呈现的原因来知道当下的组织能力是什么样的现状。结合过往的业务数据，从综合的角度预判业务目标的可实现性，同时，业务目标的实现与组织能力的提升是正比例循环，通过“一场仗”实现短期业务目标的过程，也是中长期组织能力的不断内修。

产品能力。基于组织的战略方向，有哪些具备较强的商业变现能力的产品可以在中短期中实现业务目标；有哪些长期的属于战略级的业务需要做储备或研发；组织的兵力怎么投放？投资回报率如何有效形成？目标实现中可能形成的差距，是否在产品规划具备可缩短差距的风险准备，这些产品是什么？如何在目标实现的过程中带来价值？

业务链条。组织的业务布局与业务目标的关系厘清，各团队可以梳理实现业务目标的架构、组织的排兵布阵，人力的投放，承担的角色和职能、业务流上下游的关系，团队的位置以及协同关系是什么？保障这些关系的机制又是什么？

B. 外部环境

资本估值。与投资人探讨，基于现有的资本估值，下一阶段估值的差距、业务方向及实现路径，以及实现目标的资源、资本支持等，明确目标设定前的战略方向。

市场环境。随着市场的不断变化，政策以及用户的需求也会随之发生变化，洞悉外部变化的因素，随时调整应对的策略和打法，对于目标的实现拿到结果有极大的帮助。

竞对关系。研究竞争伙伴的业务调整以及在策略战术打法上背后的市场意图，也是业务思维开拓的渠道和路径之一，寻找差异化打法的路径，并形成自身的商业壁垒及核心竞争力。

目标设定完成后，我们还可以通过以下三类会议，来传递组织的战略精神或达成目标背后的战略思考及战略意图，推动所有参与战役的伙伴在战略上的认同，以及使命必达坚决完成任务的信心。

②目标设定过程的三个必要会议

A.共创会

共创即业务共创、目标共创、路径共创，通过集体的力量让团队伙伴群策群力，最终共同看见目标、完成目标。共创会的核心价值是集体智慧的群策群力，是团体成员的参与感。目标设定前和过程中，都可以采用共创会的形式。它有四个非常明显的作用力：

目标，可以在不确定中找到确定；

融合，团队形成共识的过程就是团队的融合过程；

打法，看到共同目标后，可以形成打法的共识；

激活，通过参与、共识、共创，让团队找回自我驱动力。

B.通晒会

通晒会包括目标通晒、关键绩效指标通晒、实现路径通晒。目标的纵向设定和业务上下游的横向链条的打通是目标设定中极为重要的核心关注点，尤其是目标设定的过程需要打通业务横向的利益链条，将彼此在同一条线上的各自目标明确化，让团队彼此看见共同目标之下的各自目标和完成目标的使命。通晒的意义在于通过将目标透明化，更好地呈现业务大图的目标实现路径。通晒具有三个主要作用。

目标共同化。虽有各自不同的业务属性以及不同的业务目标，但完成各自的目标对共同目标的价值是需要共识和思考的。一些管理者认为只要完成自己的关键绩效指标或者目标任务就好了，事实上这样的目标是没有协同机制存在的，也就是组织的“一颗心”存在问题。没有协同，任务各自完成，最后发现目标碎片化严重，共享资源损耗导致所有的业务目标都有可能无法完成。因此，目标共同化除在通晒过程中透明化外，还需要一些机制去保障目标完成过程中的协同化。

目标交集化。团队之间有很多业务链条具有交集性，因此目标的设定也会有交集的部分。有可能是需要共同去完成而需要共识清晰的部分，包括我们很多业务的通用性也是在业务链条的交集中产生的。所以平台化的真正概念，是将这些通用化的业务、产品、技术、模组、算法通用化出来，以解决在更广的业务应用中产生的重复性。因此通晒会是对于业务交叉、链条交集能有比较清晰透明的呈现过程的会议。

目标结果化。目标的通晒不只在目标设定过程中，还有目标结果的阶段性复盘，让团队间形成更多的共识与交互，可以帮助团队形成你追我赶和互助的局面。

C.复盘会

复盘是回溯和反思的过程，更是一次自我改进的好机会。通过将问题还原，看到目标完成过程中团队和个体行为究竟发生了什么，以做出更优的调整和迭代，确保目标的落地。在目标复盘的过程中，我们往往会关注三个层面。

复盘业务。从目标设定、路径(过程)到拿结果，在这个过程中大家做了什么；还能做什么可以让业务的结果得到更好的落地；有什么不足和需要优化的部分等。

复盘团队。基于业务战略达成，在组织效能上还有哪些没有充分考虑或者做好；我们遇到了什么样的阻碍；通过这场战役，团队获得了什么样的成长等。

复盘自我。反思在团队中的自我问题，有什么可以做得更好或改善的部分；我能为团队目标或公司目标带去什么样的贡献和价值等。

复盘不仅是业务的盘点和优化，是团队成长共同学习的手段，更是通过个体在组织中行为的反思、开启个体的心智模式，从而连接到更大的组织或社会愿景和使命，实现真正意义的“借事修人”。

这三类会议很有必要的原因是，通过我们一些小的管理动作，不断地使用组织能力的三个“磨力石”去打磨组织，打磨组织里的所有个体。组织的“一颗心”是慢慢磨出来的，通过组织中每个人心智的打开、思维的系统训练和通过每一场战役的借事修人提升能力，让这个组织形成协同的心力、思辨的脑力和充沛的战斗力，这样的组织才能一次又一次实现战略达成。

(3)目标过程追踪实现路径

目标的实现路径好比从起点到终点的一条路径。设定目标后的路径对焦，实质上是看这条路来来回回是否能够走通，这样才有可能到达终点(期望目标)。很多组织设定完目标后，并不在意实现路径，往往在目标实现的过程中，遇到无法解决的问题或阻碍。探寻实现路径是检验设定目标可行性的重要方法。在实现路径探寻过程中发现与目标预期有较大差距时，需要及时做出风控方案。

目标实现路径的关注点包括以下几个方面：

①路径的清晰化。我们有哪些资源可以支撑完成目标实现。对已有资源、潜在资源做详细的盘点，比如有多少潜在订单及优质客户？订单目标处于什么样的阶段，怎么突破？这些订单能为目标带来什么样的收益，以及订单的风险预防方案等。

②差距的风险化。如形成差距的原因是什么？有没有突破口？基于突破的可行方案有哪些？这些方案中是否仍然存在风险？如果无法突破怎么办？等。

③资源的支撑化。如完成目标所需要的资源投入是怎样的？投入产出的核算标准是否在预期内？如果出现差距该怎么解决？从表象看是一次对资源支撑的梳理，但实质上也是为组织现有业务做资源盘点，即公司可以提供多少共享资

源对目标的落地提供支撑，以及对于未来1～2年的业务增长，我们需要建设哪些共享资源？等。

我们很容易看到阻碍带给我们的困难，却没有意识到，阻碍与资源同在。通过实现路径，我们可以系统化地看到在目标实现的路径上有多少阻碍，同时可以挖掘多少资源来应对我们的困难。

(4)目标实现的保障机制

组织中个体存在不同的需求，虽然在实现需求的过程中，他们往往会先看到组织的共同目标、愿景或者使命，但回到现实中，个体的需求还是需要被关注。因此，在实现“一张图、一颗心、一场仗”的过程中，组织效能还存在一个关键的因素就是个体行为。

通过机制的保障，让团队打没有后顾之忧的仗，让组织有高效的协同和共赢，在流程、系统、制度上去配合管理的动作，同时从个体的心智模式关注到不同阶段的需求匹配。下面介绍四种常用的机制，看看对于提升组织效能的作用力有什么样的帮助。

①财务机制保障

很多组织都认为财务机制是一种保障机制，保障资金的有效运营使用，保障业务流程中在需要使用到资金的环节做有效的把控。同时，财务数据也可以给到管理者有效的经营管理的基础分析保障，通过这些数据，我们可以清楚地看到，资金用到了哪里，有什么样的产出或价值回报，在哪里资金的使用是无意义的，在哪里我们值得投入。这些数据，应该是管理者经常要看到且思考分析的重要来源，很多财务经营性的数据也成为一家公司经营好坏的标准。因此管理者也会思考，基于今年的财政数据，明年的提升目标是多少，在哪里可以得到调整和提升。不仅如此，对于新型组织的架构模型，通过小团队弯道超车的方式，让一家公司的业务多元化，且可以在未裂变前，控制资金的大量投入，我们不断地在尝试新的组织架构对于财务机制的优化，有没有可能让小成本大产出的管理模式发生。

大家或许都知道中台和前台的组织架构概念，中台，好比军队里的大部队；前台，好比军队里的小分队。一些需要探索、基础性研究、新型应用、创新的项目，在未实现商业变现能力前，我们都可以考虑小的投入、小的试验，用最小的成本看看是否可以得以孵化。一些组织很早就开始尝试这样的架构模式。财务机制是确保这样的架构模式成功的最关键因素之一，所谓“适者生存”，以创业者的心态让小团队投入独立资金运营管理的模式，快速验证，快速试错，在产品生产出来后，快速在市场打磨和迭代，验证用户体验，找到规模化生产的商业模式，一旦成立，以资本的方式注入成立独立的实体公司。越来越多的业务都从这个模式开始，在不影响主体业务的前提下，让这些创新业务得以发展。

除此之外，前台与中台的业务利益关系、前台与前台的合作协同作战关系等都以财务核算为基础保障的前提，促发业务共享、业务协同、业务共赢的模式路线去发展。为此，不少企业的财务组织也在做结构化转型，从传统的财务组织架构往业财融合的三支柱架构转型，为匹配前端业务创新的预算管理，财务人员也需要业务前置，从业务的角度去思考和规划财务的管理模型。

财务的机制保障是基础，更是激发的手段。生存环境除个人的利益需求外，在业务孵化的生死边缘也是个体价值实现的一种挑战。换句大家都能理解的话，创业者和打工者是两种不同的个体心理状态，这些年，很多创业公司都在提倡员工要有创业心态，但这样的倡导太过无力。事实上，员工仍然享有公司工资的保障，那也是一种舒适圈，缺乏创业者生死一线的经历和感受。因此，在企业里尝试真正创业的项目孵化，对一些想要创业而暂时没有条件创业的员工，是很好的内部创业机会。

②激励机制保障

激励机制是每个公司或组织常年在研究的部分。很多公司会结合绩效方案且通过激励手段来激发大家完成目标的意愿度。但有些管理者会惯性地认为，员工没有拿到结果一定是激励政策做得不够好，于是不断地通过调整激励以及奖励政策，甚至频繁变动和突破宽带薪酬来提升组织的驱动力，这是激励机制应用中的认知误区。虽然大家在有意识地寻找或探索不同的激励方法来提升组织活力，让组织更高效，拿到更好的结果，但同时我也很担忧，管理者的思维视角里，如果认为只有机制，就可以保障一切，解决所有的问题，就会陷入机制不够完善、政策不够诱人的死角里，而无法退一步用更系统的视角看到战略不能达成背后的众多因素和真相。机制仅仅只是一种辅助手段，就好比大家习惯性学到一个思维方法论的时候，就希望有应用工具可以直接拿来使用，好让我们不需要思考及理解，通过工具就可以解决一切。激励机制也是一种手段，你可以设计长期的保障机制。比如人才晋升发展通道，比如结合人才发展的薪酬激励，让员工可以看到自己成长后的回报是怎样的；比如股权机制，连接到组织更大的愿景，成为合伙人，成为员工股东等。这些长期的基础建设是非常必要且重要的。当然还有一些短期项目的激励，如完成项目评估后，可以获得的激励、表彰等。结合不同的业务需求，通过一些手段来激发团队的驱动，可以设计一些相应的保障机制，对于目标的落地是非常有效的。但要从业务目标的实现出发，从组织的经营管理出发，从个体在组织的需求出发，让机制成为自我驱动的燃油，加速组织能力的产生，同时，让业务、组织、个体产生共赢的手段。

③沟通机制保障

沟通的目的是产生共识，而非让别人接受你的意见和想法。好的组织状态并非暴力式沟通，而是从开启组织中个体心智模式的自我觉察意识开始的。改变宣扬或暴力的沟通模式，更多地用倾听、探寻的方式，从利他、无我的视角在沟通中产生共识。这也是团队“一颗心”的打磨最重要的环节。

在很多现有的组织中，误解、冲突都是因为沟通不畅而产生的。我们可以通过一些必要的会议，比如共创会、复盘会等，包括解决个体与个体间的冲突常会用到的深度汇谈等，推动团队产生共识，并通过共识化解矛盾。比如在绩效考核最后的末尾评估，被评估者与主管的矛盾产生，都是因为在绩效考核的初期、过程，到结果的产生，管理者或是没有时间或是觉得不必要，没有花时间和精力做好沟通而产生不理解，甚至产生劳动纠纷等。在发生冲突和矛盾后，管理者也并没有复盘寻找自身的原因，反而因为矛盾的产生而导致更害怕沟通，管理的恶性循环由此产生，最后对组织的影响还是很大的。

对于离开组织的员工，通常会设置离职面谈。很多 HR

伙伴不能理解这个环节设置的必要性及重要性，管理者也并未对这个环节关注太多。事实上，离职的面谈非常重要，员工无论是被动离职还是主动离职，我们都需要花时间好好与员工聊一聊。主动离职的员工一定有一些背后你无法看到的管理盲区，以及我们一直在说的，在系统的管理模式中，我们无法满足员工的某些个体需求，这些需求我们从个体行为的反应上，需要呈现出来做复盘，看看可以优化的地方在哪里。另外，对于被动离职的员工，没有必要让他们带着怨气离开，这样对公司雇主品牌口碑也不好。聊一聊，化解一些不必要的误解，并衷心地感谢他曾经的付出。这是管理动作中极为微小的工作，但意义却十分重大。有的公司，团队中的人力资源会享有一票否决权，从不同的专业视角做出一定的决策性建议。很多外部的管理者认为这非常不可思议，为什么人力资源的权力这么大。所谓“一票否决权”并不是真正意义上的“尚方宝剑”，而是将组织的人力资源提到一个重要的角色，参与业务、组织工作的建设。因此这里的“一票否决权”是在专业的建议上与业务主管形成的共识，要求HR伙伴能站在与业务主管平等的位置去做专业的沟通，在业务及组织发展的过程中，让管理者从不同的专业、认知、角度来看清需要共识的问题，从而判断并达成决策。因此这并非大家所理解的权力特征，而是用一种沟通机制去保障团队促沟通、产共识的存在形态。

沟通机制作为一个重要且必要的保障机制，我们需要知道组织在协同的沟通方式是什么样的，哪些环节必须要设置沟通流程，如果有必要可以更进一步有意识地建设组织有效的沟通模式，也可以适当引入一些更好的促进心智模式开启的沟通环境，比如学习型组织的引入等，这些都是通过大家在实际工作中微小的变化而让整个组织产生新的生命力。

④改进机制保障

改进是对错误行为或无法达标结果的一种及时性改进手段。我们通常称为“PIP”。如我们在绩效评估中的末尾排序或组织正态分布的尾部群体，排在尾部的就一定是需要送走的人选吗？并不是，我们会看到，人是受着环境因素影响的社会性角色，因此我们做事都受到很多因素的制约。在组织中，我们需要给到更多成长的空间，如果错误是一个结果的产生，危机意识会制约个体或组织成长的速度，因此，在更多的业务过程中，我们适当地增加改进机制是一种良好的自我认知、成长和迭代的手段。事实上，业务迭代、组织迭代和个体的自我迭代，都少不了改进机制的设定，因此改进机制是一种需要贯穿所有管理环节的渗透性机制。

从心智模式的角度出发，从不足的认知到改进计划的执行，过程上也是心智转变的一种形式。一个骄傲的人不会认为自己有问题，问题一定在他人身上。如果整体组织系统都呈现这样“满杯”的状态，还存在组织成长吗？通过“借事修人”，从自我复盘、自我优化、自我迭代的角度出发，利用改进的机制，促进个体化自我迭代的有效执行保障，使整体系统相对完整。

除了上述的机制保障外，组织治理层面上还有更多的机制去推动业务的落地保障，但管理者需要特别思考：机制的建立是否真的有效支撑和帮助团队完成目标落地，而非形式化概念，或成为阻碍业务发展的绊脚石。

还有一个特别的提醒，切勿因人设置制度。我们的一切出发点在于事物的本身。曾有一位 CEO，颁布制度的出发点是为了整治人。比如，发现员工加班量减少了，不从源头寻找问题，而是让人力资源部重新修改考勤制度。最后的结果是显而易见的，不但加班未能见效，还增加了员工的抱怨。因此在管理上，我们需要不断学习，要能够从更系统的角度认知管理的核心本质。

目标设定的环节，用一句话来总结就是：好的目标设定是好的开始。

2.通过有效的绩效管理提升员工的自我驱动力

（1）正确认知什么是绩效管理

绩效管理是从组织需求或组织问题角度出发，以绩效为解决业务问题的一种手段做切入的综合解决方案，因此绩效方案只是绩效管理中解决问题的应用工具而已。绩效管理的价值，其衡量的标准也一定，组织能效以提效为目标，即我们有效集体行为的效果或效益，因此在设计绩效管理机制的过程中，有几层逻辑关系需要整理清楚。

第一层：底层数据信息支撑

绩效不是一个独立的管理体系。单从人力资源的专业角度，传统模式的人力资源被分为六大模块，模块与模块之间形成强环路关系，产生对业务及组织的作用力。绩效管理是一种解决问题的综合性手段，也是组织能力在体系治理上的支撑保障之一，因此要充分应用绩效管理，首先需要从业务的方向及组织的需求出发，在构建绩效体系的过程中，充分确保与数字化信息系统的数据打通，形成与管理数据仪表盘的有效结合，通过绩效的手段实现运营数字的变化，让结果呈现出最优的状态。

比如，如果业务目标方向是经营利润化，那么人效提效是组织经营过程中的重中之重，在成本可控的基础上，提升组织中人的生产力。基于这个策略，我们在日常管理动作上，反而不一定是人员编制的增长，而是关注每一个人的价值和产出，看 ROI 的数据，或者团队的人均人效，即在目标可实现的基础上，投入最少的人力成本。在绩效机制的保障上，考核以及激励方案也应同步形成有效的设计。从业务端，通过有效的能力提升让业务结果价值最大化，比如一个销售原来客户的商机转化率为20%，如何通过技能的提升让转化率提高，比如，原来成交的客单为20万，如何提升到50万，这些都是提效的方式；那么，作为管理者如何通过管理数据仪表盘来看到制约转化率和客单价提升的业务卡点在哪里？如何通过改善来帮助销售效能的提升？其他的协同支撑可以做什么？比如产品团队可以设计出什么样更好的高客单价产品，比如市场团队如何通过品牌的推广提升客户对产品的认知或解决客户需求，甚至产生购买欲望。这都将形成业务链条中不可或缺的合力，共同的目标，不同的合力方式，有效的机制保障。

第二层：实现战略目标的绩效管理

一些HR伙伴或者管理者经常索要别人的绩效方案。这些拿来主义说到底，已经成了我们在做事时的惯性。这对于战略目标实现的帮助是什么呢？业务在发展，很多业务已经从单业务线发展成了多元业务或平台性业务，组织也因业务发展需要从原来的几支团队到现在大部队多打法作战模式，如果不基于实现业务目标以及组织目标，这些拿来的方案怎么用？

绩效管理的核心本质是保障战略目标达成，成为业务与组织、个体的连接线，它是一连串的管理动作，并不是单一的方案就能解决业务及组织问题的。通过绩效管理让组织看到共同目标、上下游的业务关系、形成的共识并拿到结果后的回报，所以今天的组织管理是没有标准化也没通用性的，用什么工具也都不重要。我们习惯性在提及绩效时，就会想到 OKR(目标与关键成果法)、KPI(关键绩效指标)或者 360，甚至是平衡计分，然而这些也都只是解决问题的手段，重要的是我们需要思考战略目标是什么？我们现有组织能力要完成这样的战略目标的挑战在哪里？或者说制约战略目标实现的阻碍在哪里？在达成的路径上存在什么样的问题？可通过哪些手段来帮助解决？这个时候，工具才存在真正价值。这些工具要怎么用才能解决什么问题？并为战略落地带去什么样价值？这一系列的思考远比学习一个工具的应用要更有价值得多。

第三层：激励与成长并存的机制保障

任何的机制、流程、系统都是保障组织前行形成更好战斗力的手段和形式。个体在组织中，因为产生的个体需要不同，虽需要先以实现组织共同目标为前提，但我们还是需要接受其他不同需求的存在，并在各环节设置保障机制去满足这些需求。比如，激励是保障从短期到长期的个体投入回报比，职级是保障从当下到未来个体化的职业发展路径，以满足自我价值实现等。这些组织的机制看似保障了组织管理运营，但我们不得不承认，事实上，它们是从满足组织内个体的不同需求出发的。

员工成长路径的目标管理方法，即从职级的个体标准定义通过绩效管理的方式，不断培养丰富个体经验和能力去拿到不同职级阶梯的目标结果。从管理的视角，围绕个体的“选用育留”，即是一种管理动作的循环。员工成长是通过与业务目标连接，来让整体组织战略达成，所谓“借事修人”的道理也由此而出。没有与业务链条断开的成长路径，因为这样的成长，会让员工在路径上离组织的愿景和使命越来越远，从而无法形成好的归属感，这些也是很多企业常犯的错误。

组织目标落地的短期及长期的激励保障机制：一切机制都应以保障战略目标实现的视角出发。当然，阶段性的机制优化和调整是必须的，因为市场在变化、环境在变化，我们同样需要做出一些调整来满足组织内不同个体的不同需求。从短期来看，一场战役或一个项目的结束，我们做一些短期奖金以及激励的回报，去肯定在短期内为组织目标带来贡献的优秀个体。但如果只有短期，没有长期性的更远更长久且与组织愿景使命相链接的激励计划，最后都为其他企业输送人才做了贡献。个体的发展与组织的发展，是紧紧捆绑的两个生命体，越高度链接，越不用担心流失好的人才。

绩效管理不是绩效考核，绩效管理与业务战略目标实现、组织发展、个体成长都有密不可分的关系链，同时与人才激励、职级晋升、人才盘点等更多管理手段相互链接和关联。

（2）绩效管理的核心价值

绩效管理的核心价值是降本增效。通过绩效管理，合理规避不必要的支出，达到有产出的投入。通过绩效管理，打造一支有自我驱动力、具备商业落地能力的业务型团队。事实上绩效管理是提升组织效能的一种有效手段。

绩效管理核心重点关注的是产能，即生产力，如果有效结合投入成本，配合好的组织架构和机制保障，让团队自负盈亏，那么通过合理的绩效管理方法，在组织中可以建立“人人都是CEO”的创业思维，回归管理的本质。

（3）绩效管理的核心步骤及绩效文化

①共同目标形成组织协同的合力。基于组织的共同目标，要形成业务上下游共同目标实现的合力关键指标，目标的设定不能碎片化。从业务流的梳理，跨部门或团队目标的对焦和共识，好比一根绳子上的蚂蚱，形成业务链条中不同职能对于共同目标价值链的输出，把他们视为同一个命运共

同体，绩效方案的设计要让员工自己去思考能够为组织带来的价值，而不是一个分配任务的过程。作为管理者，在绩效管理中的应用实质上就是一个不断对焦目标、改进方法、衡量结果的循环过程。

②目标实现过程中的定期盘点。定期盘点是帮助员工完成目标的一种手段，同时也帮助其解决思想上、行为上的阻碍。绩效的过程需要更多弹性，绩效目标评估的过程比评估的结果更为重要，结果显而易见。但评估的本质是帮助员工借事修人，且需要与员工交流和反馈业务的变化，目标的调整、路径的实现也是结果的实现。

③充分的绩效沟通是核心管理动作。绩效沟通中不隐藏矛盾，尤其需要关注三个层面的特殊性群体。在员工层面优先关注“高绩效、高潜力”“低绩效、待改进”或新入职的员工。在管理者层面，优先关注新晋主管的绩效面谈；在团队层面，优先关注新团队和动荡不稳定的团队。

④绩效的改进措施是为了帮助员工成长。对于未完成目标的伙伴，需要帮助其一起制订改进计划。在一些组织中，比较严重的误区是把绩效改进 PIP 当成淘汰员工的工具，使之对于绩效本质的定位和思考变了味道。

⑤建立绩效申诉复议通道。员工对结果有异议时，管理者需要遵循多方对焦来形成自己的判断，通过深度沟通，与

员工达成共识。在此过程中，HR 伙伴需要参与其中。

⑥运用绩效文化和理念链接组织通改更大的使命愿景价值观。各个团队组织文化都不同，需要基于业务的本身，结合我们想要传递的文化去搭建每个组织不同需求的绩效管理机制，绩效也是员工认同和发扬公司文化、价值观的过程。

3.自我反思的业务复盘，实现组织共同的内修和成长

个体成长最好的方式是经历了一些事，团队成长最好的方式是一场“战斗”，这就是我们一直在说的“借事修人”。

(1)为什么复盘很重要

从事的本身而言，通过复盘，避免一个错误重复犯，避免固化性的思维、流程、做事的方法；找到阻碍事件推进的真正原因(真相)；发现和创新一些好的点和想法加以实践，让事的推进更加顺畅，快速拿到结果。

从组织和人而言，在协同的过程中，通过反思个体的做事认知，调整优化自身的做事方法和沟通方式，以达成组织的高度协同，提升组织的共同参与与共识能力，个体的心智从自我状态到无我状态，让组织形成更强的战斗力以达成战略目标。

(2)业务复盘的误区以及正确解读

复盘不是把事说清楚就可以了，没有任何反思的回溯毫无价值。复盘是一种思辨的能力，比如“如果我再经历一次，我还能做什么才能做得更好？”通过自我反思激发思维和心智的潜能空间。

通过复盘后找到的真相，是需要制订修正和改进落地方案的。复盘的核心在于反思后的落地行为方案。

很多团队复盘的过程有三个明显的误区。

——只盘事，不盘人，没有心上的反思，说明事的复盘没有到达真相；

——复盘过程关注别人哪里做得不好，自己完全没责任；

——关注事件及个体的点，而没有透过点看到面和事件背后的系统。

(3)业务复盘的合适时间

阶段性业务复盘：以目标的阶段为节点，如季度、半年度或年末等。一个事件后或一个项目结束都是业务复盘的好时机。

业务结果复盘：目标结果是复盘最重要的手段，这不仅是对目标设定的复盘，也是对过程的一次回溯，更是对下一次挑战或实现路径的思维演练。

(4)谁来做业务复盘

业务复盘是团队管理者需要掌握的重要工具或手段，不止在业务上可以复盘，组织、个体都可以使用复盘的工具。比如个体的职业发展目标的复盘等。

HRBP（人力资源业务合作伙伴）在团队中，要学会让业务主管唱业务的戏，作为复盘中的支持者，可以从第三方视角看到复盘过程中隐藏在组织背后的真相。

复盘工具包括以下几种：

①呈现。当初设定的目标是什么？现在完成得怎样了？差距是什么？过程导致差距的原因是什么？通过这些问题，将历史事件及时间线还原，越详尽越好。

②反思。当初为什么是这样的目标？目标设定的考虑(依据)是什么？在实现路径上我们什么做了，什么没有做，还能做什么？没有思辨能力的执行力是毫无价值的。思辨是通过心智的打开，激发内在思维的潜力，把不可能变成可能。

③行动。基于刚才的复盘，接下去你有什么样的行动方案？基于不足的部分，有什么样的改进措施？找到问题形成有结果的行动计划，实践出真知。

复盘的工具可以帮团队解决什么样的问题，包括步骤、流程等，这些并不是核心本质，我们需要先足够清晰地思考，你想通过复盘的工具解决什么样的问题？复盘反思比呈现更重要，并通过团队复盘找到造成目标无法落地的背后的真相。复盘不是批判别人做得好不好，而是对内看自己，我能不能改进？我还能做什么？

组织的战斗力是通过一场又一场的战役不断反思、精进和成长的打磨过程。复盘无论对业务的本身还是对提升流程效能都有一定的帮助，还能实现个体和组织的心智模式由自我到无我的跨越，透过业务上的事来磨合团队组织的综合认知，提升整体能力。

4.通过排兵布阵的设计，让组织有策略地去战斗

任何运动比赛都有出场阵营，比如排球、足球等。一个组织想要打赢战役，是需要有打法的，有相互之间的配合和不同专业的互补矩阵来协同协力。组织架构是承载打法之下的人才布局。随着业务的快速发展，组织架构的设计也悄无声息地发生了一些创新的变化，而这些变化恰恰是为了应变业务的落地需求。随着互联网的发展，很多创新的想法、颠覆的业务都在不断地孵化裂变。如何从孵化到裂变的组织形态实现商业正向的投入产出比，是管理者可以关注和思考的一个维度。未来，商业模式的有效形成、具备商业变现能力甚至实现商业规模化、商业的长尾价值，是实现业务能否成功的标志。

基于这些业务的变化，很多新型组织架构模型诞生，比如一些公司的“小前台、大中台”“三角架构”“功能性组

织”等，这样的架构模型能够快速应对业务的变化而产生调整，而事实上，这些组织架构模式也是支撑这些公司成功的因素。

(1)组织架构最终是为战略达成而服务的

不基于业务战略的组织架构看似有着漂亮的架构图，壮观且庞大。在实际组织运转的过程中，组织架构很容易陷入形式化，无法支撑业务的架构形态，虽然有些组织也通过架构建立了独立核算运营机制，但实质上，落地运行的时候，相互之间的协同并形成合力的支撑力是不够的。

什么是好的组织架构呢？组织架构是基于业务方向及目标实现在人才排兵布阵上的体系保障。方向明确，目标清晰，那么接下来则是如何实现结果的问题了，基于业务的“一张图”，各团队在业务链条中的位置和职责是什么？彼此之前有些什么样的业务关系？形成结果的有效支撑是什么？就像足球比赛，门将、后卫、中场和前锋，都有自己的位置和职责，后卫主防守，中场主防守+进攻，前锋主进攻等，在形成协同的过程中，相互之间有效的配合。当然，每一场比赛都有战术策略，结合不同的战术，队伍的阵型布局也会不同，但最终的目标一定是进球以及赢得比赛。

①组织架构为战略达成而生。意在随着业务的变化，实现可持续可创新性，组织架构需要有非常好的弹性能力去适

应和支撑业务的可变性。假如按产生营收等商业变现能力，即用户或市场会为你的产品买单，那基于更长久的业务发展，会考虑到基于现有商业变现能力上的业务及商业长尾在哪里？过程中有没有新的业务增长点？面对这些，我们设计的组织架构是什么样的？既能维持相对稳定的持续的业务产出，又能做一些突破和创新业务作为现有业务的增长，这是组织架构的设计在业务层面上的思考。

②组织架构因组织迭代而变。意在当业务发展或变化时，团队也会作出调整和优化。有些业务不合适，团队有可能不会再存在；有些业务发展得很好，就要支撑它价值最大化；有些业务处于初期或创新阶段，组织架构要利于搭建孵化快速落地的团队；有些业务需要规模化，就要考虑如何通过平台化的价值产生流量，快速共享快速复制。并不是小公司就不能使用大公司的架构，也不代表大公司不能小团队作战，组织架构是最能体现 CEO 的战略意图的呈现方式，即你想打什么样的仗？用什么样的团队参与作战？怎么配合？什么打法？

例如“小前台，大中台”这样的孵化型架构模型。小前台，即业务的前置化，对于创新业务、应用业务有很大的价值。对于小前台业务将架构纵向部分的责任、权力明确化，对于部分的尝试可以不受大的系统的控制和烦琐的流程限制，快速决策快速验证，但并不意味着完全独立和失控。因此，在组织架构的横向部分做一些链接，比如小团队需要资源支撑或共享，这样的机制是否可以形成更多系统上的对接或沟通机制，确保小团队有支撑有目标地作战。

大中台，即大家常提及的平台化概念。对于更多可通用化、标准化的服务、应用、技术、产品或者基础性的研究可以统一在平台上提供支撑或服务，为前端的业务提供更好的应用落地能力。

(2)组织架构的核心价值是如何提升组织效能

①通过架构设计，形成业务“一张图”

组织架构虽呈现的是组织的结构布局，但因其为业务而生，在组织架构的版图上可以呈现其背后的战略意图或业务方向甚至是打法。不同的业务战役需要不同的排兵布阵，事实上通过组织架构图可以很清楚地看到业务的优先级、权重以及形成布局策略。有些组织业务或战略大图和组织架构是两张图，完全没有彼此的相关性。如此，战略大图将如何实现呢？因此组织架构的形成，是在战略大图之下的排兵布阵。如果战略或业务大图发生变化，随之而来的就是组织架构的调整，组织架构并非一成不变。基于CEO战略大图下的组织架构，是很好呈现团队所在的位置和使命，同时保障团队能够清晰基于业务共识下的“一张图”。

②满足共赢共需，加固团队“一颗心”

传统的组织架构设计即为呈现不同业务之下每一个团队的组成，从纵向视角的团队设置，往往会忽视组织横向的业务协同、沟通机制而对目标落地产生阻碍。组织架构设计的过程中，需要从三个一，即“一张图、一颗心、一场仗”三个维度进行架构思考，既保证纵向的独立业务的孵化，又能保证横向的业务链接，共享资源，共同协作，从而减少公共资源成本的投入以及因业务无法复用产生的额外资金或成本消耗。

机制是系统中的一种干预措施或手段，比如一个看似简单的分润机制，能让不同的团队意识到协同作战的获利性，从而有意识地共识各种合作的可能，形成配合作战，这样，资源的利用实现率被增加，同时又不耗费额外的成本，各团队间也会有意识地进行能力互补、专业矩阵，共同拿到目标，通过共赢让团队完成目标。即便有更好的团队信任，也需要基于这些软性的需求特征，去设定硬性的机制来保障，因此基于组织架构之下从纵向和横向的机制保障组织的运营十分必要，让团队间通过机制形成共识、形成交流、共赢共担，组织的效能才能充分被调动而产生组织能量。

③与架构匹配的机制促发，保障组织“一场仗”

首先，创新业务团队独立核算机制推动从业务的商业化到组织的裂变。在组织架构纵向设置上将业务前置，引入独立的财务核算方式，让团队管理者有意识地从经营视角以及创业者心态来思考业务的商业变现能力，即如何让一个业务从务虚到落地，从一个想法到具备商业价值的实现。更多创新的业务通过所谓“创业”的孵化来快速验证市场、验证产品或技术落地能力的可行性，并保持原有业务的稳定状态不受到新型业务的影响。很多在创业期或初期的团队，很容易“一颗心”，大家可以快速地共识，明确目标，共同协同，产出能效都很高，可以快速拿到结果。因此很多大型生态化的公司即便公司达到了较大的规模，也仍然保留这样的小团队作战机制，让小团队不受其他外在因素的影响成长孵化。当然，在组织设计的过程中，对于已形成较多的小团队，在与平台的业务衔接上，如何形成更有效的资源共享以及协同作战的策略机制，去支撑小团队的业务开展，这是组织架构设计中的难点。

其次，共享资源的有效复用，共打“一场仗”。例如一家技术类公司，将基础研究、通用系统、硬件模组、算法封装件等关键技术在技术中台上沉淀并逐步通过线下的应用场景去实现商业变现，并基于线下场景应用将数据以及技术返回到技术中台做迭代。可以看到，通过这样的技术积累，我们只需要开发基于不同应用场景所需的软件系统，对于系统底层的技术都可以在中台得以保障，产品的研发和生产能力得到加速，这可使一家研发型或科技型公司在未来有可能节约巨大的人力成本以及重复开发的研发投入。事实上，对于通用化可复用的内容及产品，用中台的架构模式来支撑前端业务的应用和落地，相比从前端拿回来的需求，后端基于需求的研发成本要节省更多，同时，基础研究也从原来单纯的技术研究逐步触达用户的应用尝试，从而使更多的业务场景、垂直领域被打开。

资源的共享和业务的支撑，对于前端业务的发展起到了非常重要的作用。有效的架构设计，可以触发业务资源共享和协同的有效展开，对于共同目标的落地一定是有利而无害的。组织架构的设计不仅需要从纵横向两个维度来满足组织产生系统动力，还需要配合其他的手段形成良好的相互作用力，让整体系统健康地运转。

五、个体行为

（一）关注“个体行为”是管理者的工作基石

作为组织的管理者，在开展团队管理工作的过程中，需要从三个核心高度形成有落地价值的管理结果。

第一层，从战略的系统视角或高度围绕业务落地及达成，并通过组织效能三个一，即“一张图、一颗心、一场仗”，实现组织从共同看见、形成共识到战略认同，让组织效能的系统化能力逐步呈现及良性运转，形成具备高作战力的组织能量，为战略落地打好基础。

第二层，从组织效能的高度俯瞰团队，结合业务方向以及现有组织能力，准确把握阶段性的组织管理和组织发展，分清组织的生命阶段，以组织能力匹配业务战略落地为核心管理脉络，展开组织建设、组织能力培养、组织发展的管理循环，推动组织形成具备战略落地的可持续的组织能力增长。

第三层，通过个体“选用育留”的管理循环，以及个体在组织中的行为呈现，实现组织梯队搭建及高效运转。推动个体心智模式的打开并逐步形成具备向心力的群体心智，从个体的能力成长到组织能力提升的可持续发展，让组织具备实现战略达成的软硬实力。

组织的管理者在组织管理及运行中更多关注个体的呈现，并透过其行为来识别问题的单一性或普遍性，并可以依此找到个体行为背后的组织系统存在的本质问题。个体行为其实也是组织行为管理的诊断点，同时也是突破口。

1.个体行为的关注从尊重人性开始

对于个体的关注，往往需要一些具象信息的收集。很多时候，信息来源于不同的渠道，比如组织中有HR、行政等组织中的信息关键人，这些角色往往被称为组织中的信息管道。从人才招聘开始，大量的信息将会被聚集，尤其是HR也同时具备更多的职业敏感度，他们对于组织中个体的信息尤为敏感。因此对于管理者来说，与HR形成良好的合作关系，可以获得更多的信息。同时管理者自身也需要重视，如果仅希望从其他的伙伴那里获得信息，这并不是一个好的管理方式，我们需要学会对于一些信息的捕捉和收集，并通过理性分析帮助自己在管理中做决策。

识别组织中关键类别个体。在组织关注度上，管理宽幅较大的管理者无法做到对每个人的面面俱到，因此需要识别和关注组织中的关键个体并聚焦于对这类群体的成员来做管理赋能。比如新入职的员工，关注其入职后的适合度，系统性地帮助其适应，人才识别中的持续把脉；老员工在组织的时间过久，是否进入舒适区？如何激活？有无可持续的成长空间等。另外，在人才盘点中，还有两个维度可以关注：居“明星”位置的骨干，能力与潜力空间都属于团队的头部，组织中的“花骨朵”，该如何培养？居“尾部”的团队伙伴，核心的问题出在哪里？如何帮助可持续的改进提升等。用更聚焦的方式，针对核心人群的不同管理策略，把有限的时间和精力投入更大的组织价值。

通过有效的沟通或者辅导来作为信息收集的方式。管理者如果不能走近一线基层员工，倾听员工的心声，很容易逐渐听不到真实的声音。员工的成长少不了工作上的辅导或指导，员工需要的是借事修人，通过完成工作来获得自身经验或能力的提升。从个体的需求出发或站在员工的立场，看看无法完成工作背后的原因是什么，是能力问题还是心态上的问题？是什么原因形成了客观的阻碍？弄清原因才能做出针对性的辅导。在帮助员工个体能力的提升上，事实上也是强化了基于组织能力增长的过程管理行为。然而管理者很容易因为业务上的琐碎工作而陷于忙碌，没有时间对个体行为关注，等到结果令人震惊，显然为时已晚。因此管理者需要更多关注细节，做一些“接地气”的事，这是管理者在战略执行上的法宝。

尊重员工个体需求出发的心智模式。我们在心智模式内容中有提及过，每一个阶段个体都会产生不同的需求，当这些需求产生时，管理者如果仅仅站在公司的立场，从公司文化价值观的维度，个体将被打上不符合企业文化的标签。比如不接受加班或有调薪的需求时，往往不符合“以奋斗者为本”的组织文化对于人才的胜任力标准。这样的管理行为忽略了以人性需求出发的底层构建系统方法论，因此在组织管理中对于个体的需求、动机的有效识别，是信息获取的重要内容之一，有助于为关键人才的保留提供人才“保留”策略。只有在个体需求满足与企业战略达成这二者形成共赢，企业才可以获得个体对于组织归属感的心力保障，为企业的可持续发展带来长远的意义。

2.通过个体信息通道，建立团队归属感

沟通机制的完善是建立团队归属感的重要手段之一，很多公司会开展各类的团建活动来加深团队伙伴间的情感连接，比如裸心会、生命圈，都是很好地促进人与人之间交流的方式。让组织达到“一颗心”促进团队的高效协同，组织的管理者如有心，一定会找到各种方式去推进团队的情感及信任的建立，这需要管理者有足够的细心来推进团队的融合。团队内的信息传递与流转也需要保持足够的通畅，因为每个人都有信息的知晓权，在组织内要让每个人感觉到自己是被尊重的，没有被信息排斥在外的失落，同时也要避免一个组织内小道消息满天飞和无端的猜疑，避免单向沟通的信息错位。透明的信息传递对一个组织来说并非易事，正向的信息传递让组织的正向文化通过群体效应得以传承。当然很多文化的传递方式都来源于CEO今天想要打造的组织是什么样的，并且用什么样的方式来凝聚团队。信息不止上传下达，更要让管理者有机会走下去倾听员工真实的建议和心声，激发自下而上的活力释放。

比如业务相关的信息传递，目标完成的进度，团队PK的数据，对于业务目标完成有帮助的数据分析，驾驶仓的数据仪表盘等数据管理工具，以及通过周会、双周会、月度复盘、半年度述职、绩效沟通等，在对焦业务进度的过程，也是赋能的好时机。管理者在业务的共识上要建立更多透明公开的沟通机会，甚至让团队的伙伴参与进来，通过有效的群策群力，对于激发团队的驱动力更好地形成组织能量是非常有益的。

这些都是组织文化的建立过程。文化并不是宣传出来的，文化是靠更多具有渗透性的小细节沉淀出来的，宣传只是推波助澜的手段，不能本末倒置。文化的沉淀不是无中生有，积淀需要管理者埋下“种子”和“施肥浇水”，明确业务发展所需要的团队文化应该是什么样的。有了“种子”，通过引导、推动机制等方式来传递鲜明的态度，即这个团队崇尚什么、摒弃什么，这就是“施肥浇水”。

（二）组织能力新生态，以提升组织效能为目标的“选用育留”

1.选

在组织建设过程中，吸引人才是管理者工作的重中之重。不仅如此，什么样的业务用什么能力、特质、味道的人才，都是管理者的“腿部”管理能力。比如阿里巴巴对于人才的定位上，要求“聪明、皮实、乐观、自省”。在价值观落地、人才把关上，诚信是基础；聪明的同时还要有专业技术；激情、敬业、拥抱变化是皮实、乐观、自省的体现；团队协作很重要，靠个人英雄主义，独侠行很难走太远。对的人才能做对的事，既要选择更合适业务落地需求的人才，又要从长远考虑人才在组织中的个体发展。管理的确不是一件容易的事，不同的业务阶段，对人的选择会有一定的偏重，基于不同的业务阶段需要形成不同人才的策略。

比如一个新的业务，需要快速抢占市场先机，没有及时找到合适的人，业务可能就跑不起来，也可能会错失市场。因此在人选的把握上，我们除了关注其基本技能、性格特质是否符合岗位基本要求外，同时要特别关注的是他对这块业务的热情。平凡人做非凡事，只要有梦想能坚持的人就可以考虑。如果是成熟业务，业务、团队都很稳定，要寻找给团队带来更多价值的人才，不能饮鸩止渴，只图眼前。因此人才选拔要根据不同的业务阶段、市场及客户需求的变化、团队现状所需的能力矩阵、人才盘点后的调整需求、业务策略及打法、人资匹配的考虑甚至是对于关键人才的流失储备等各种组织实现的需求，综合对比后作出决策。不管是出于什么样的决策考虑，我们的主线是无法变更的，那就是人才是为业务的目标落地而存在的。

选人的核心动作在于识别，不知道组织要什么样的人是不可能为组织找到千里马的。因为选错人，不仅导致业务目标在落地上的阻碍，也会存在看不见的隐性成本。更为重要的影响因素是，个体行为对组织的损害也会很大，甚至有些是隐性的组织伤害，尤其是组织心力上，这也是为什么有些不合适的人离开组织后，我们还需要花更多的精力对团队“消毒”。

人才识别在管理上有很多可以应用的工具，比如每家公司都会有自己的职级体系，其背后是组织对人的胜任力要求。不同的职级存在不同的人才判断标准、薪酬体系、培训路径、晋升通道等，仅仅靠人才画像是不够的，组织的管理体系是系统化的，人才的“选用育留”，每一个管理动作都是整体系统性管理链路中的一个环节。

在前面的内容中我们也曾提及过新人的选拔与识别中的一些工具，比如“望闻问切”，以及市面上有些还不错的结构化面试工具，如“STAR 的面试法”等，都是面试中的应用工具。但仅仅了解应用工具显然是不够的，工具的背后是对于人才识别的底层逻辑或者方法论。究竟在人才识别上，我们需要关注哪些维度？比如如何识别人的能力，不能仅看简历以及在面试中浮于表面的面试提问。能力是决定了人才过往的积淀，过去的努力有没有获得结果，而这些结果是否可以反推和验证今天组织所需的不同维度的能力项。人才识别的底层逻辑构建让我们清晰组织需要什么样的人才、如何选？你能成为千里马的伯乐吗？

组织中关键人才的识别。人才识别不止对于新人的判断，在整个组织发展的过程中，我们对于人才也会产生更多的需求，比如梯队的建设，继任者计划对于后备力量的培育与孵化，带动组织的新城代谢等。在组织的正态分布中，20-30%往往是组织的头部关键人才，这些人才不仅在能力上表现突出，在潜力上也具备了显见的未来性，虽然人才盘点作为管理的工具，可以帮助管理者呈现组织中的人才地图，但作为管理者要明确“识别”这个重要的管理动作。因为更多的企业在人的能力提升方面的惯性做法就是培训，忽略了“选用育留”的管理循环，人选错了，即便投入再多的精力、时间、财力来培养，都不会有好的结果。组织中的关键人才，可以关注三类人：具备较大潜力的“花骨朵”；具备未来管理潜质的专家；只走专家路线的研究学者。当然每个组织的业务视角不同，对于人才识别的维度可以结合组织需求而定。

2.用

“用”是在人才选拔基础上的持续把脉，比如业务能力、生活状态、文化认知、人际关系、适应能力等，这就好比一个积极的、正向的、乐观的团队是无数积极的、正向的、乐观的个体融合而成的。选对了人，也就成了组织的合力，虽然在个体部分基于原生家庭、生活环境、工作经历等会形成个体差异性，但从求同存异的角度，相同的价值观、心智阶段、文化认知，背后是相似的DNA和文化属性。

新员工是组织的新鲜血液，是一个不可忽视的群体。入职后的3～6个月是关注生存的重点阶段，6～12个月为关注发展的重点阶段。除了自身融入的适应力外，我们也可以通过一些举措加快新员工的融入，比如制定一些工作的指导手册或带教方案，让员工在业务上快速上手；新员工的入职培训；对于外地来的员工，提供一些地区生活手册，帮助他们熟悉当地生活，建立归属感；设定新人的工作目标，并设立辅导机制，让新人有目标和有方向感。新人有的时候会产生“鲶鱼效应”，其新的活力、新的思维、新的创意给组织带来活力；除此之外，从系统的角度看，新人的到来，对于组织系统的重构也会产生一定的影响，在保持群体心智打开的前提下，组织活力也能被激发起来。

老员工是组织的中流砥柱，这个群体要关注的是两个方向：“稳”和“活”。所谓稳，是指为业务带来稳固的价值产出，更是组织能力的基盘；所谓活，是持续保持活力，除了自身的成长外，还可以通过带徒弟，青于蓝而胜于蓝，为组织带去新的生命力量。除此之外，通过有效的机制保障也可以一定程度地激活组织，尤其是销售队伍。客户资源的匹配以及客户的流转机制，如何达到真正意义上人资匹配，通过具备不同的业务能力，匹配不同的客户等级、客户库容、产品类别及客单等，在形成组织能力矩阵的基础上，创造阶梯式的组织发展通道、饥饿与激励并存的荣誉体系。激发通过个体的能力提升来获得更好的资源适配，组织在具备了核心竞争力的同时，让个体也能得到持续生长的空间，这就是共赢。

秉持“高绩效、高回报”的原则建立有效的用人保障机制，确保业务目标最大化的实现，同时个体与组织共同发展。在这个过程中，组织的目标对焦是让组织内不同的个体对业务的共识达成一致，通过激发个体在组织中的创新、成长，让个体在组织中得以持续地发展。只有这样，才能保证组织长期健康地发展。在人才盘点中，我们会发现，我们盘的是组织中的个体，个体行为的呈现让我们看到无论是内在能力、外在能力还是战斗能力，组织所需要优化和提升的空间。

3.育

管理者最为重要的任务，就是组织能力的建设与培养，组织中每个个体都会有自己发展的方向，但也必须培养能实现这个发展方向的个体能力。促进组织能力的建设与培养，首先要确定建设和培养方向，理解公司战略、业务方向和规划，然后结合团队特点确定组织能力的建设和培养重点，形成具备设计、实施、跟踪落地、收集反馈、效果评估和优化改善的人才培养方案。

组织能力的建设和培养是发现问题、分析问题的一种视角和思路，有的是短期可实现的，比如一项短期的突破技能培训，或一个结合战役的训战方案等；有的则需要从长远来设计和规划并结合管理链路中其他的管理模块开展，比如晋升、绩效等。人才的培养往往是一种组合拳，好比不同维度的手法对准一个穴位打，就会有显著的效果。

针对不同群体提供的可以帮助其解决业务或能力问题

的内容，利用公司的各种培训平台及针对性项目来训练你的管理者与员工。组织能力的培养是无所不在的，从“721法则”来看，7分岗上练，2分主管教，1分进课堂，所谓“借事修人”“以战练兵”都是在实战中关注能力的成长和辅导，只有个体成长了，公司的业务才能持续往前走。并非仅是从人力资源的角度建立一套培训机制就可以确保人才的成长和提升，而是基于业务需求出发，考量我们所希望的人才发展路径是否与公司的业务发展路径一致。因此培养是有针对性的，要围绕因为业务的变化对人的不同成长需求，设计培养内容。管理者要学会给予员工更多的带教和辅导，更像是陪伴员工一路成长的教练，从规划、总结到复盘，从工作的结果本身、员工认知思维的打开到能力盲区的关注和提升，重要的是，员工不是你的工具，也不是例行任务，管理者要真正去理解绩效背后的意义及价值：绩效的本质是为了确保在拿到结果的同时辅导员工、提升员工的重要管理工具。

从拿到结果的角度看：针对已经达成共识的目标，对于实现路径、项目进展进行梳理及阶段性回顾，明确下一步需要提升的方向或指正方向，以及对于完成目标可以给予的帮助达成共识。

从个人成长的角度看：针对个人的职业发展方向、优势、劣势、改善提升都需要进行阶段性的回顾或复盘，不仅要求员工完成业绩任务，也要关注员工在这个过程中的个人提升。

组织能力的建设与培养，不止在脑力上的提升。从心力上，也是组织文化价值观的再一次滋养。阿里巴巴在培训新员工时，有一项“倒立文化”，通过倒立的练习与考核，传递个体潜力的被激发，同时告诉每一位员工，用不同的视角看问题，解决问题的方式也不是只有一种。在思维认知和心智的培育上来保障组织的心力，“批判的人”形成自己的思维模式，“开放的人”共识大家的创新想法。通过点点滴滴、每一个小的细节来传递企业所需要的组织文化，让新员工对于公司的组织文化深刻地认同。

4.留

(1)不同心智模式的需求满足

员工在不同的阶段，因为在心智模式上的需求不同，往往产生不同的选择和考虑。比如刚离开学校走向社会的新手，他们最关心的是自身的经验和能力的成长，关注学习成长的机会。在有了一定的经验积累后，关注的部分就会发生一些变化，有些个体会关注更大的成长空间，他们希望在这样的空间里得到更好的锻炼和学习，希望自己的成长获得认可和肯定，因此职级的晋升以及相应的福利待遇就变得很重要。物质基础有了一定的积累后，个体会产生兴趣、梦想、个体价值体现的需求，并在自身的环境中寻找与之匹配的业务愿景或基于个体自我价值体现的使命链接。这些更长远的成就感需要一些更长线的回报，比如期权股票的激励等，也更需要说明白聚在一起做一件有意义的事背后的价值。

我们要清晰地判断员工处于需求的哪个阶段，要什么，不要什么，我们能给予什么。比如一个有着良好发展前景的朝阳行业或一个知名的公司或企业，所在的部门业务发展方向是否足够清晰以及明确？员工在业务方向的解读上是否形成共识或认同？对于岗位目标是否感兴趣、是否擅长，是所期望的职业发展方向吗？主管的认可、肯定度如何？团队氛围怎么样？现有的能力所匹配的职级是否合理？薪资水平在什么位置，是否公平？有没有合理的短、中、长期激励机制？长期的回报是否合理？等等，这些都是个体需求要获取的内容。

作为管理者要能正确理解员工在不同阶段的不同需求，从人性的角度，这些都是可以被理解和接纳的。当员工产生不同的需求时，一个最重要的心态就是正面沟通、正面解决，千万不要背后揣测，私下议论甚至做出价值观批判。在沟通确认这些需求后，及时给予积极的短期方案，但对于核心员工的保留，还是要有一些长期的、解决本质的留人举措。

留住核心人才的重要原则是：早做行动，早有准备，在晴天的日子修房顶，而不是下雨天再去做修补，从长远细节举措入手。清晰的业务方向确保员工的解读到位；好的团队氛围营造；公正公平的薪资水平；职业发展的通道及路径设计；梯队建设及后备人才的培养；与员工随时保持沟通，了解内心所想，最早发现员工异动可能性；等等。这些管理的细节都是手边可以随时随地做到的，多从员工的角度为其考虑，从人性出发，才能留得住人心。

(2)晋升是员工成长的阶梯

我们先来看看，阿里巴巴在晋升上的理念。

第一，坚守公司文化，能贴合业务、组织当下和未来的需求。对于三个方向的优秀人才做重点的关注，即：持续绩效优秀，且是团队中的明星；在团队中有足够正面影响力的人；代表公司需求的未来人才。

第二，晋升的过程不是左右摇摆、上下权衡地论资排辈，不是左顾右盼求“公平”的利益纠缠。在人才选拔过程中，践行和信奉“开放透明、积极自主”的互联网文化。通过晋升寻找到真正适合公司未来发展的相同味道的优秀员工。在晋升落地过程中，要求做到过程对焦，标准落地(即通过组织讨论晋升标准，统一要求和标准，达成人才共识)。在过程中也需要做好对焦，比如，每一场晋升前，面试官要沟通制定统一标准；过程中注意对照作业模式、关键点公平客观地进行评审。在评委的选择上，保障评委组织符合相关层级要求，确保其中有比较了解候选人工作内容和能力的成员。晋升过程中，HR全程记录和观察，聚焦评委对员工优缺点的评价和未来发展的建议，以及主管用人的建议，作为将来对人才的观察、判断、培养的依据等。

职级晋升是配合绩效管理拿到结果的一种长效的激励机制。通过绩效管理推动人才阶梯成长，而职级晋升是人才成长的衡量标准。不同的职级对于绩效的考核标准应该是不一样的，在晋升的过程中，绩效结果是衡量晋升的标准之一；对组织而言，晋升是一个为未来发展选拔人才的通道。因此，既要考虑专业能力水平，也要考虑综合业务发展需要以及在组织文化上传承的影响；既要看过往的表现，更要对下一步的可能性进行果断的判断。当然，对个体而言，晋升意味着迎接更大的挑战，承担更大的责任。

(3)短期与长期，激励与汰换

管理者必须做一些举措，防止人才流失对业务产生的影响。

①清晰明确业务的方向，需要让员工解读到位，让员工清楚且达成业务共识，甚至使命驱动。

②优秀的团队留优秀的人才，优秀人才都喜欢与优秀的人在一起。因此，三流的团队找三流的人才，一流的团队找

一流的人才，管理者需要时刻保持搜寻优秀人才进入团队。这件事很重要。同时营造一个良好的组织氛围也是凝聚人心的滋养场。

③透明公平的职级体系及晋升空间、成长文化，以及合理的薪资回报、具有吸引力的长期回报。

④人才梯队的搭建。包括储备人才的培养。越优秀的人才越需要更精致的雕琢和打磨，纵容保护只会毁掉一个优秀的人才。

⑤良性的团队竞争。让竞争形成个体的自我驱动，通过竞争发现自身的不足，加以提升；竞争之外，形成相互协同的文化、机制。

对于团队绩效优异者，核心保留的群体、短期的薪酬激励与长期股权的配置都需要有充分的倾向性考虑。尤其是期权或股票的长期授予主要是激励及保留高绩效、高潜质优秀员工的一种长期激励方式。绩效的激励应以时间轴的维度思考短期与长期并存的系统性激励机制，以销售队伍的会战为例：短期的战役激励与长期的荣誉打造、短期的绩效实现与长期的晋升期权激励，每一场战役都代表着对于未来的里程碑，必须认真对待以及打好每一场战役。

（三）个体行为对于组织效能产生的影响力

1.通过“个体行为”诊断组织问题

如何有效地通过个体行为为组织效能带来价值，除了在组织运营中关注个体的“选用育留”的管理循环来提升组织效能外，通过组织诊断中关注个体行为的呈现，往往可以发现管理中是否存在普遍现象或共性问题，从而追寻问题背后的真相，从本质找到对症下药的良方。因此建立并实施完善的沟通机制很有必要，比如在团建、有效的信息通道、离职员工的离职面谈，甚至基于工作的回顾等方面加强员工辅导的沟通、组织矛盾冲突的深度汇谈、目标共创及 KPI 通晒、绩效沟通、周月季会、周报、部门小圆桌、裸心会等，都能够从不同层面通过沟通获取信息、传递信息，这不失为是一个方法，可以更为直观的看到个体呈现出来的行为及思维。全面地了解个体行为基于业务、组织方向的理解这些个体构建组织能力的层次，他们的心力脑力是否匹配能打胜仗的组织能力都能成为业务、组织问题诊断的依据。

阿里巴巴曾经在组织大图中提出了四大组织能力，其中一条是“思辨的执行力”，即“有广度的信息、有深度的思考、有质量的对话、有持续的追踪”。这是对于个体行为的要求，正是因为在组织中个体行为呈现看到组织背后的共性问题，都存在个体在执行力的层面依葫芦画瓢，头痛医头，脚痛医脚，看似执行力很强以及结果也很好，每个问题都得到解决，或者能很好地完成KPI，但真的剖析来看，这些结果有没有完美执行了客户价值，怎么有效跟踪、复盘和改善，这是有思辩的执行力。当问题呈现的时候有没有找到问题背后的真相，如何形成系统的解决方案，不止是解决问题，为做而做，这是思辨的执行力。因此光有强大的执行力，没有思辨是没有用的。所以该公司在基于战略大图之下，提出了对于组织能力的提升要求，即在执行上有思辩，保持深度的思考和足够的弹性，做到知其然知其所以然。

2.通过行为对比，寻找组织背后的共性问题

提炼组织能力的过程中，需要辩证地思考，在推行的路径上，落在每个个体身上会发生什么，个体呈现出什么样的行为对于组织能力推行的标准或目标算是达到了，如何衡量标准和定义目标等。在整个推行的过程中，从细节着手，从个案切入，透过一些个体行为呈现的事件、状态、思想、行为来复盘推行过程中思考、路径、方式的不足并加以优化和完善，这是一种逆向思维。

推动或实现组织能力落地后，在个体行为的结果上有没有达到当初的预期？如果形成差距，是因为背后什么样的原

因导致的？我们可以通过复盘工具，做有效的真相探寻，数据的维度、行为的维度、信息的维度，都是有效探寻的方向，验证结果的过程；反推过程行为，是迭代管理方法，形成精细化管理的过程。

3.推动问题背后真相的呈现，提升组织效能

当问题发生时，我们第一反应是急于把问题解决，解决之后就认为组织不存在这些问题了，这是管理者的思维误区。大部分的管理者每天重复的工作就是解决问题，解决员工解决不了的问题，或者解决组织需要解决的问题。事实上，呈现问题的真相比解决问题更重要，问题的存在一定不是个体问题，而是业务及组织背后的系统问题。因此个体行为呈现也仅仅是问题的表象，是需要通过更深入的系统真相探索看清管理的盲区在哪里。在实际管理的过程中，会出现我们没有想到的思考漏洞或行为盲区，我们是在当初设想的管理路线前行，还是已经走偏了；是什么原因造成这样的结果；有没有在其他管理过程中，遇到同样的问题；是个案问题还是普遍性问题？或者由此产生的一系列的系统问题。

问题发生后，我们要系统地考虑问题本质，寻找问题发生的源头或真相，而不是急于解决。从管理者的视角，将问题的本质呈现，与其他管理者共识和研究，从系统的视角出

发，按照系统的认知梳理，以系统的方式处理。管理是让我们不断地与系统问题的发生做博弈，一味盲目地解决，治标不治本，解决不了根本问题。

管理者需要尝试抛开过往的管理认知和定式思维，放下传统管理中的权力欲望，去重新定义管理的本质和意义，探索对于组织效能更有价值的管理方法和路径。

六、价值观是组织的核心约束力

为什么要把价值观提炼出来作为组织效能中一个重要的模块或概念？因为大部分的组织对于什么是价值观认知不足，大家仅仅认为那是组织文化的一部分而已。绝大部分公司在对外宣传时都有价值观的输出，然而，当走进公司，真实感受与价值观口号却形成了明显的差异。价值观究竟是给谁看的？

价值观承担着组织运营管理过程中最为重要的角色。之所以如此重要，一是体现着普遍存在的认知和行为，二是通过传承让这些普遍存在的认知和行为保持一致性。真正重视价值观并执行落地和传承的企业，员工在认知及行为层是完全不同的。我们可以仔细观察，有些公司的员工有着相同的特质和味道，很容易被识别，这些都是价值观传承与滋养的一种个体呈现。

价值观是大家共同做事的核心准则，需要根植于组织中每个个体的思想体系中，并共同坚决地贯彻执行。没有共同的价值观，会有更多的内耗和矛盾冲突，从而让组织迷失方向。价值观不只是挂在公司的墙上，而是一种思想的植入，渗透每一个人。有人会问，企业不是有制度吗？制度是价值观的保障之一，只有在正确的价值观指导之下的落地方式和传承、传递的保障机制，才是有效的落地和执行；同样没有形成有效约束机制和文化力量的价值观，无法为组织带来任何价值。

（一）价值观在组织效能中的重要价值

组织效能=(业务共识+组织能力+个体行为)×价值观

从组织效能的公式来看，价值观贯穿组织效能的每一个环节，对组织效能的提升具有重要的作用。赋能与业务共识、组织能力、个体行为三个维度产生价值。

1.价值观是企业战略方向的“指明灯”

比如“客户第一”的价值观，是商业的本质，应该根深蒂固于每个创业者的思想中，不考虑为客户创造什么，带来什么，又如何能从业务中获得真正的价值？

一些企业，在发展的初期，还能保守创业的初心，围绕为客户带来价值的做事准则，能从利他的角度去坚持合作共赢。但当业务规模扩大后，反而把自我价值看得更重要，为了获取利益，不会再去考虑商业的本质究竟是什么、用户究竟要什么、解决什么样的客户问题，只关注自己可以从这件事上获取的利益在哪里、有多少。价值观就是企业在迷失方向时的指明灯，告诉你业务的方向在哪里，创业初心在哪里。相信每一个创业者都有梦想、有信仰、有初心，都有为国家、为社会、为用户创造价值的自我坚持！

2.有效的集体行动需要“高压线”的管理边界

在一些公司的内部平台上，可以阶段性地看到因违背公司价值观而被处罚的员工通报，这被称为“高压线”。无论是谁触碰就死。阿里巴巴在 2012 年 6 月内部反腐行动中，通过反腐调查，公开了三大阶段性成果，其中包括：案件调查 22 起，查处违规员工 27 人，移送司法员工 6 人。我们可以看到，阿里巴巴在其价值观上的践行极为严苛，在处理任何违背价值观原则时决不手软。

阿里巴巴将价值观列入绩效考核的双通道，并以 50%的权重存在，将价值观细化。比如，客户第一，对于欺骗客户、不尊重客户、威胁客户、损害客户利益等行为都作为价值观的底线；再比如诚信价值观，倡导诚实正直，言行坦荡，弄虚作假、故意隐瞒或歪曲事实都属于违反组织价值观底线的行为。

相反，有部分企业的规则是虚的。当价值观事件发生后，明明有制度，却无法胜过人的权力。因此，在践行价值观的这条路上，必须始终坚信价值观的重要性，不能因为任何的压力、权利线而放弃或退步。有没有价值观，有着什么样的价值观，决定着一个企业或组织能够走多远，能够存活多久。缺少核心价值观或不正确价值观的公司，为了利益可以没有底线做任何事，这样的企业是不会长久的。

作为一个管理者，应该关注到价值观对于企业的重要性，也需要花时间好好思考，价值观在组织运营和管理中的角色和意义，更可以与自己的核心管理梯队的管理者共创共识：组织需要的价值观是什么？管理的边界在哪里？这些价值观牢不牢固？如何有效推动落地，使其真正意义地成为组织前行的红绿灯，也基于这些价值观在落地过程中的用人观，找到与组织味道匹配的人，帮助企业成就对的事。

3.“闻味道”，要从个体行为的价值观切入

我们极容易看到人才显性的特征，认为这便是人的本

性。事实上，人的隐性特质才是人才识别中最重要最需要关注的部分。我们在人才识别中，更需要看清楚的是人才的隐性特质，而非停留在表面。

隐性特质就好比冰山在水面下被隐藏的部分，存在却不易看见。人才识别过程中，除了看人在过去的经历为今天带来的能力积累外，更重要的是关注人才的潜力部分。能力看的是一个人懂什么，会什么；潜力代表一个人能走多远。通过对一件事的看法、态度以及其在社会中的责任关系、角色关系，你可以判断这个人行为背后模式，即会怎么做；通过对一个人背后家庭的了解、性格以及为人品行，可以知道他会是一个怎么样的人；通过做事的动机、需求、内驱力产生的原因，可以了解到他想做什么。而这些，都贯穿着一个重要的核心准绳，即价值观。价值观不仅指引一个人未来的方向，还能支撑一个人究竟可以走多远。

很多人会问，“闻味道”究竟闻的是什么味？事实上，闻味道的过程就是识别人才隐性特质的过程。通过“闻味道”，要闻到人的内心，最重要的是，通过“闻味道”，让我们知道个体的价值观是否与企业对人才价值观的要求是否一致。用对人的前提是找对人。对于一个组织而言，价值观是组织找对人的底层依据和标准，找对人是企业价值观落地的一个表现。

（二）价值观或显性或隐性，但一直都存在

对于初创企业来说，组织处于初期，规模也还小，所以业务为先，先关注生存问题，价值观并不着急。事实上，即便是初创公司也存在价值观，只是它以CEO意志为价值观基因，我们称为隐性价值观。一群人形成一个团队做一件事，虽没有清晰的价值观体系输出，但大家却很明确，可为的是什么，不可为的又有哪些；什么样的人可以志同道合，什么样的人与我们这群人不相匹配。虽然大家似乎说不出这些属于“价值观”的味道是什么，但却是真实存在的价值观的一种认知和行为呈现。组织的最初期，无论是使命、愿景还是价值观，都一定是CEO真正相信的东西。我们必须客观地看到这些核心基因的存在，并有意识地发现和提炼，在组织发展的每一个阶段，去关注和提炼组织及个体在这些隐形文化里所呈现的思维或行为的方式。

在组织逐步成长的过程中，业务扩张，组织规模扩大，逐步产生组织价值观，成为一群人共同做事的行为准则。这个时候的价值观便逐步显性化，并且随着组织规模的不断扩展以及业务多元化、复杂性，价值观会成为一个组织越来越重要的核心约束力。这个阶段的价值观便需要随着业务发展进行迭代、调整、升级和传承。

因此，价值观随着组织的发展会有从隐性到显性的过程，作为管理者需要关注价值观发生的变化，甚至可以逐步通过价值观的输出带动组织管理的升级。初创公司的管理者避免进入“公司小没有价值观”的认知误区，在早期可以有意识地了解或借助价值观去形成团队价值观的共识，或定义业务行为的边界。

（三）价值观的落地

如何将价值观落地？有的公司通过培训、考核、沟通、机制保障四个部分来完成。

首先，新人入职都会接受新员工培训。价值观是新员工培训中必不可少的内容之一，价值观渗透在每一个认知、行为、体验、考核之中。比如客户第一，培训过程中新员工会走进一线，去感受来自每一位客户的需求；培训会结合真实的案例；培训中通过一些细节让你有所感知体悟，比如倒立，让你知道原来不同的视角能看到不同的事物；培训中有反思，比如拥抱变化的背后是接纳和理解，希望你足够强大地面对每一个不确定性，乐观地接纳这些变化。在培训中，每一个细节都渗透着公司对于组织文化的高度重视、对于价值观的高压线不可触碰的警示以及严厉的惩罚预警。

其次，价值观如果没有落地，没有渗透在所有工作场景，比如机制理念、选人标准、绩效考核、培养带教、晋升提升等，就一定会慢慢变成务虚的东西，变成挂在嘴上、贴在墙上的东西。虚的东西就一定要做实，对照价值观进行自我考核和认知定义，不断地共识、对焦，同时一旦推行，坚决执行，并推动管理者与员工在形成价值观理解上的沟通，因为价值观的本质在于高度认同，坚决执行。考核只是一种形式，或是一种机制保障，核心在于组织中每一个个体在思想上的高度统一和认同，在行为上的坚决执行和贯彻。

最后，通过组织文化来传承，通过规章制度来保障。有些公司在价值观上的处罚制度是极为严厉的，比如诚信问题，对触犯价值观底线的人，“开除，永不录用”！好的人才更需要好的文化去滋养，需要正确的价值观去引导，因为他们的使命是保证公司文化和价值观的传承。

价值观体系，是一个长期坚持、积累的过程，而非一日而成。最终形成了牢不可破的文化壁垒、员工自觉行为的准则，并让组织中的每个人在具有相同价值观认同的基础上，形成较强的组织战斗力。

价值观是组织效能中形成思想与行为的一致性，即“知行合一”的组织行为约束力，它既是战略方向的“红绿灯”、“指明灯”，组织能力或集体行动的行为准绳，更是人才甄选和识别的标准。过去，我们并没有发现价值观存在的重要性，只是把它作为组织文化中一个很小的部分。今天我们把价值观独立出来，使之成为每个环节都需要贯彻、融合、思考、落地的重要部分，让每一个管理者都看到它的存在，看到它的价值。

第三篇

重新定义未来的组织运营

当前世界正处于百年未有之大变局，工业革命 4.0 将提前到来，人工智能在“科技服务于民生”的基调下大力发展。我们必须时刻保持危机感和接受不确定性。值得注意的是，战略的发展与组织的发展密不可分，面临新经济之下的组织管理，传统的认知被快速颠覆，创新的管理应用仍处于初始阶段，大部分管理者对于管理思考和探索的认知不足，这是商业经济发展面临的最大挑战。

一、“着眼当下，面对未来”——新经济新机遇下的组织管理变革

互联网时代对于商业认知的颠覆和迭代，人才从原来的单一型向全栈式发展，越来越多的创新认知也开始出现，业务跨界已经不算新颖，AI、SaaS、大数据应用、云技术、平台化共享、量子等前沿技术的研究，城市已逐步实现智慧化应用和管控，“城市大脑”“城市天眼”已逐步成熟，各行

业领域智能化的技术应用越来越贴近民生服务，我们也逐步感受到智能技术带给我们工作、生活更多的便捷和体验。比如，智能客服电话、酒店的机器人门童、生物识别的智能购物、自动驾驶辅助系统等，这些仅仅是人工智能技术的一小部分，但却可以预测：未来标准化的职业将逐步被机器技术取代！

面对如此之快的市场发展、科技巨变，更多企业家已经开始意识到巨型组织即将成为“白垩纪”，大量创新业务的崛起将会聚集大平台或者基于这些头部的技术平台做应用，而小微型组织的创新业务如雨后春笋般出现并快速弯道超车。因此众多组织专家都在研究组织生存法则并积极做出调整，如打破职业的边界，建立组织分工新模式和组织形态的新架构。已经有很多企业探索并构建新形态组织架构体系，以应对管理危机。

新业务背后的平台架构支撑，将资源、数据、技术进行了整合共享，并支撑前端业务的快速应用和孵化，大平台衍生小平台，大业务延伸和拓展更广度的连接和深度垂直化，形成网状结构的商业生态。一个城市甚至一个国家，通过这些小网形成和编织更大的网，覆盖了商业应用、城市管控系统、民生服务等，这些网状结构的新经济实体让我们看到了快速发展的新希望、新景象。

面对未来，无论是组织还是个体，有一件事最为重要——在混沌中探索未来的生机!我们都将经受一次“大变局”的洗礼，适应者将跨越鸿沟，进入一个全新的时代，而无法适应者将被淘汰。作为CEO，面对新经济新业态之下的组织管理挑战，带领团队面对市场的大浪淘沙，探索特有的生存模式，你做好准备了吗？作为管理者或职业者，如果未来雇佣时代结束，你具备什么样的核心价值能自如应对未来的新格局、新角色？

（一）未来组织有可能是什么样的

依托平台的资源、技术、数据共享化为前提与基础，平台型公司无论是业务平台、技术平台还是数据平台，在通过业务应用得以沉淀并更具有赋能的能力，而小业务在平台支撑下的孵化，更多以小微团队的快速生长和被孵化形式存在，创新的想法得以快速验证，在具备一定的商业变现能力后得以孵化或裂变，并逐步产生链接以“一站式”的服务生态化发展。过去几年，基于互联网的架构模式，中台和前台的架构已经可以证明能够符合从小型体量到巨型体量的业务承载架构能力，类似“阿米巴”的模式也被逐步应用成熟，基本验证了其方法论的可行性。参照阿米巴的模式，从小业务的孵化到具备商业能力的业务裂变，从垂直领域的深耕至横向业务纵横联合形成生态化的业务矩阵。这些过去的成功验证，使得未来组织形态的发展，会更趋向于具备高效能生产力，成功商业模式以及高利润潜力的小组织。

小组织在对人才的要求上与大组织不同，小组织就好比“战狼突击队”，虽有不同的技能属性，但却个个是精兵强将。事实上，市场对于优秀人才的诉求已经越来越大，组织能力的升级已被提到一个白热化的风口。不仅如此，组织中人才的心力也被逐步关注到，如归属感、核心人才保留、职业发展通道等。尤其是随着市场竞争形势的变化，各公司或各行业的人才竞争日益激烈，大家争抢头部精英或优秀人才，已经处于常态化。小的企业在招人的时候以未来愿景吸引人才，而大的企业则设计具有吸引力长期人才保留及激励政策，如股票、期权等对核心、稀缺、优秀的人才做好保留措施。同时猎头公司也忙得不亦乐乎，为各大公司、有资金实力的组织挖掘优秀的人才。当然还不只如此，团队作战、协同作战能力被提到新的认知层，不同于以往的独狼式突破，一个人顶一片天的局面将不复存在，精英式矩阵的小团队作战的特质将越来越明显，这就要求即便每个人都是精英，也要在团队中，在协同上与其他成员无缝合作，将集体的力量、团队的组织能量及效率最大化。

因此，组织中的个体在组织关系模式上也会发生一定的改变，全职人与自由人的组合，从雇佣关系到合作关系或共享关系，从职能的可边界化到无边界化，独立型专家将会逐步崛起，他们可能不再只为一家企业工作或形成单一的项目合作。越专业化的头部独立个体专家，越会以项目制、合约制或共享制的方式参与，且这些独立个体也不再只是一个垂直线的专家，而是同时也具备了横向多领域专家的T字形全能人才，既具备垂直深度上的专业沉淀，也有跨领域或多领域的广度积累，或形成独立个人品牌，或以几个独立的个体品牌组成圈层或私域。

（二）重构管理认知，定义管理画像

建团队、设目标、拿结果，是管理者最基本的腿部管理能力。作为团队最为核心的关键人物，也需要重新调整或重构对于管理的陈旧观念，从开启自己的心智模式开始，注入新的系统的思维体系，不断迭代自身的管理认知。随着业务从原来的单一性向多元化、生态化转变，组织中的个体也在发生微妙的变化。主力军已经从原来的60后、70后，转向更年轻的“80后”“90后”，更有些公司已经开始培养“00后”的潜力型员工。

基于业务的多元化、人才管理的多变性，以及组织从建设到发展在不同生命阶段所面临的组织系统问题，即便我们

掌握了管理的底层方法论以及足够多的管理工具，但在实际的业务场景中，基于不同的业务形态或模式、组织发展的不同阶段以及组织能力高低、个体行为的特质，没有一个组织的问题是完全一致的或者是可复制的。“拿来主义”已经完全不适用了。对于管理者来说，要保持拥抱变化的心态，保持时刻思考和学习的状态。在出现无法达成战略的问题面前，管理者要有能力去发现问题背后的系统真相，要有呈现问题和解决问题的能力。事实上，管理的本质就是“降本增效”“只有提升组织效能，方可战略达成”，以管理本质为核心，用系统的认知去探索组织无法落地背后的原因，用系统的方法去呈现和推动组织的目标落地，让团队做有产出、有价值的事，让员工连接更大的使命，产生自我驱动和归属感。

“一张图、一颗心、一场仗”，其核心是如何转化成高效能的生产力。无论我们研究多少方法论和工具，无论今天的战略方向有多宏远，无论团队有多少精兵强将，最终看的还是实实在在的生产能力，这才是一家做好又能做长久的企业需要踏踏实实走的路。成功是没有捷径的。

（三）做好一切准备，面向未来的不确定性

我们应该确保先让自己能坦然和勇敢地面对未来的众

多“不确定性”，离开自己的舒适区，时刻保持危机意识和竞争意识。

(1)思维转化，迭代认知

人的思维往往因为习惯形成了固化或限制性的思维方式，不能跳出环境看问题，这也是我们常说的“当局者迷”。在一个相对固定的模式下，自身系统产生了一种确定性的自我保护，并会无意识地认为“那就是这样的”，却很少问“为什么是这样”。组织问题的产生是由背后深层的系统问题导致，可是我们却只看见问题的发生，而没有关注背后的原因。

互联网时代，思维和认知时刻被颠覆。创新的时代是变革的开始，随着人工智能的应用，高新技术将引领新时代，传统的思维必然被逐步打破。实质上，我们最大的敌人是自己，因此，我们要看清自己，反思自身的问题，尝试自我改变，才能迎接各种各样的挑战。

纵观人力资源的职业变迁，从最早的“人事”到以人为本的“人力资源”，到现在要求 HR 也要懂业务，做业务的好伙伴；从原来仅仅是职业者到团队的引导者；从执行者到引跑者、陪伴者，或是组织的唤醒者，这些转变，对于人力资源从业者来说将会站在一个全局的角度去思考业务战略和落地、组织构建与发展、人性的感知与能力的培养。这是对每一位 HR 的极大挑战，并在推动组织的每一次进化与蜕变中成就自身的使命。

(2)不断探索管理的本质

用绝对理性的角度去认识这个世界。我们身处各种环境中，信息量之多容易让人迷惑看不到真相。大部分人无法放下手头繁杂的事务去思考或追寻问题的核心本质，从而关闭了探寻“真相”的大门。

从管理的本质去思考，找到业务、组织和个体发展的原始驱动，用“第一性原理”去思考并构建属于且适合组织生存和发展的自管理或运营体系，在实践中不断迭代、创新，勇敢变革和颠覆，新的生命力才会诞生！

(3)敢于突破、创新和求实

“思维、本质、创新”是寻求自我成长和突破的最底层逻辑。成长的空间是看人的系统思维是否有穿透力，看待事物是否足够通透和找到事物的本质。突破内在的系统，持续创造无限的可能，求真求实，有了这些，你便有了“学习之道”，才算开启真正的心智成长之路。

二、需要从更深的角度思考“组织效能”为管理带来的价值

事实上，过去我们花了太多精力在组织效能研究上，没有意识到除组织效能以外对于战略达成所需要关注的其他

延伸性的系统认知和思考。是什么让组织效能更快地提升？更好地发挥其真正的价值？对战略达成产生最大化的影响力究竟还有什么？在管理实战中，组织效能与业务形成的关系，形成组织个体行为的研究，以及价值观对于业务、组织和个体产生的作用力，对于这些，在过去，我们的关注度并不高，更没有花时间和精力去探索和研究。在这些之外，可能还存在更多的管理体系，还能延伸更广度的知识地图，还能研究出更深层的系统认知以及更好地提升组织效能的方法和工具。很多人容易用“批判”的视角和意识来对一个论点质疑，也会有很多人本身积累了更多学术研究方向的沉淀以及实战的成功经验，以此形成自身的理解来判断“是”与“非”。任何主张、观点、案例、经验都没有对错，但有些认知永远在书面上，我们倡导，把学习来的无论是方法论还是工具，都应用到实践中，在实践中思考适配性，并最终形成自己的知识地图。“拿来主义”就像速食面，只能解决你所需要的快速需求，但治标不治本，在专业“精进”上没有任何帮助。

提升组织生产力，让组织产出有真正意义的核心价值，这符合未来业务、市场、商业对于组织运营管理的需求。希望借由本书所提出的核心理念，引发更多领域的专家一起加入探讨和研究，因为我们的目标是共同的。在提升管理运营的能效上，赋能更多的创业者和创新者，让一些好的想法能落地，帮助创业者先活下来，活得更好更长久。中国需要有更多的百年企业。